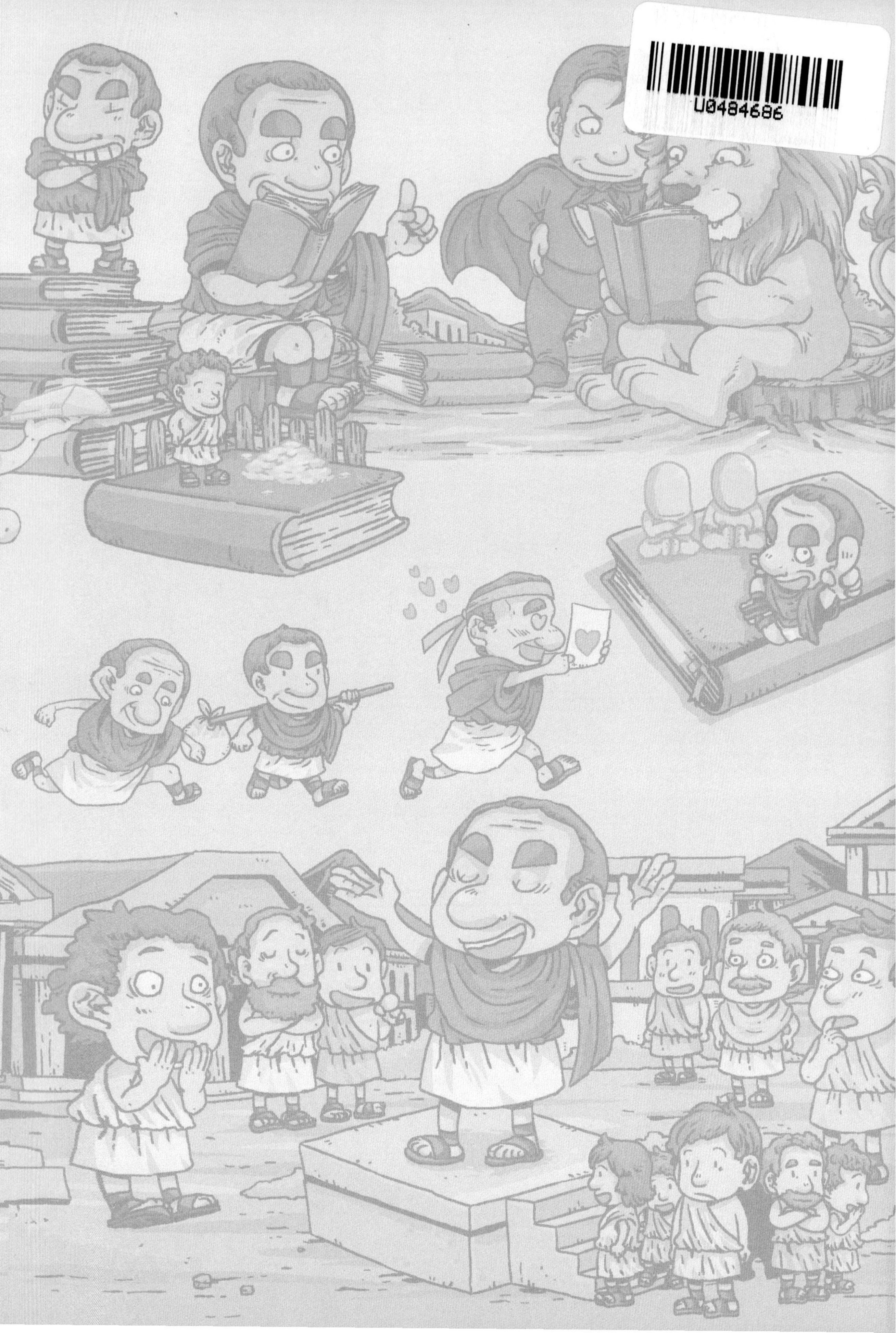

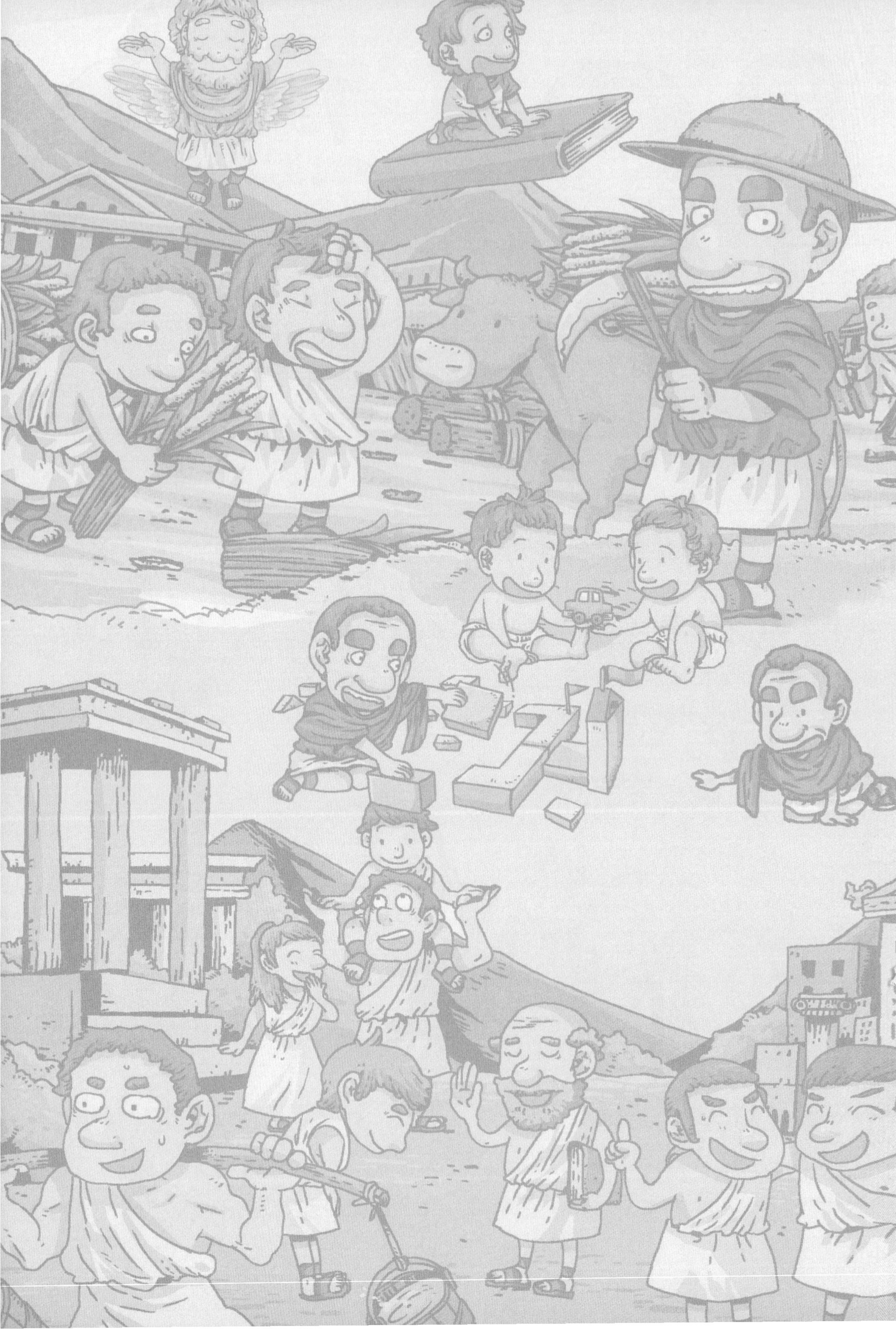

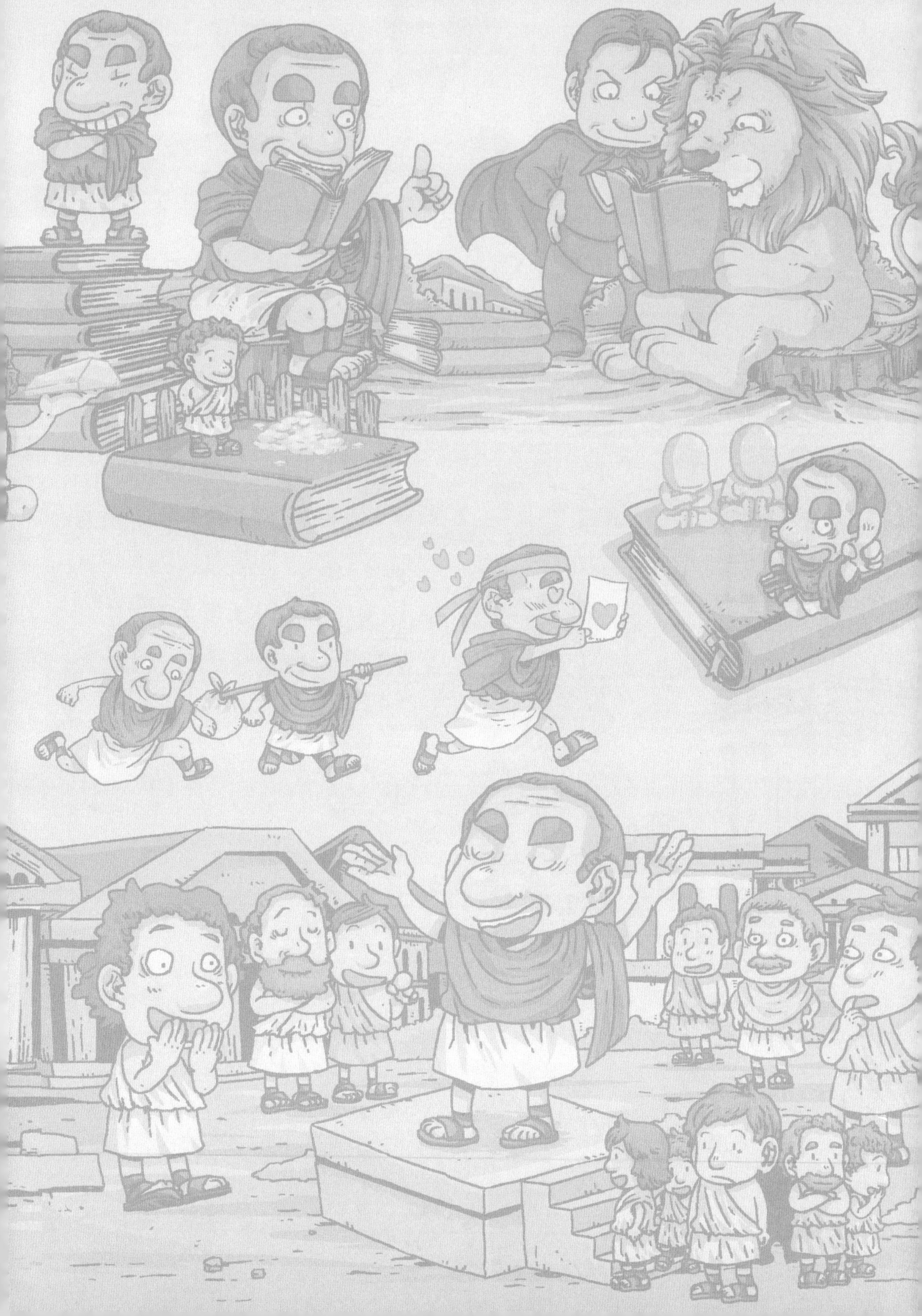

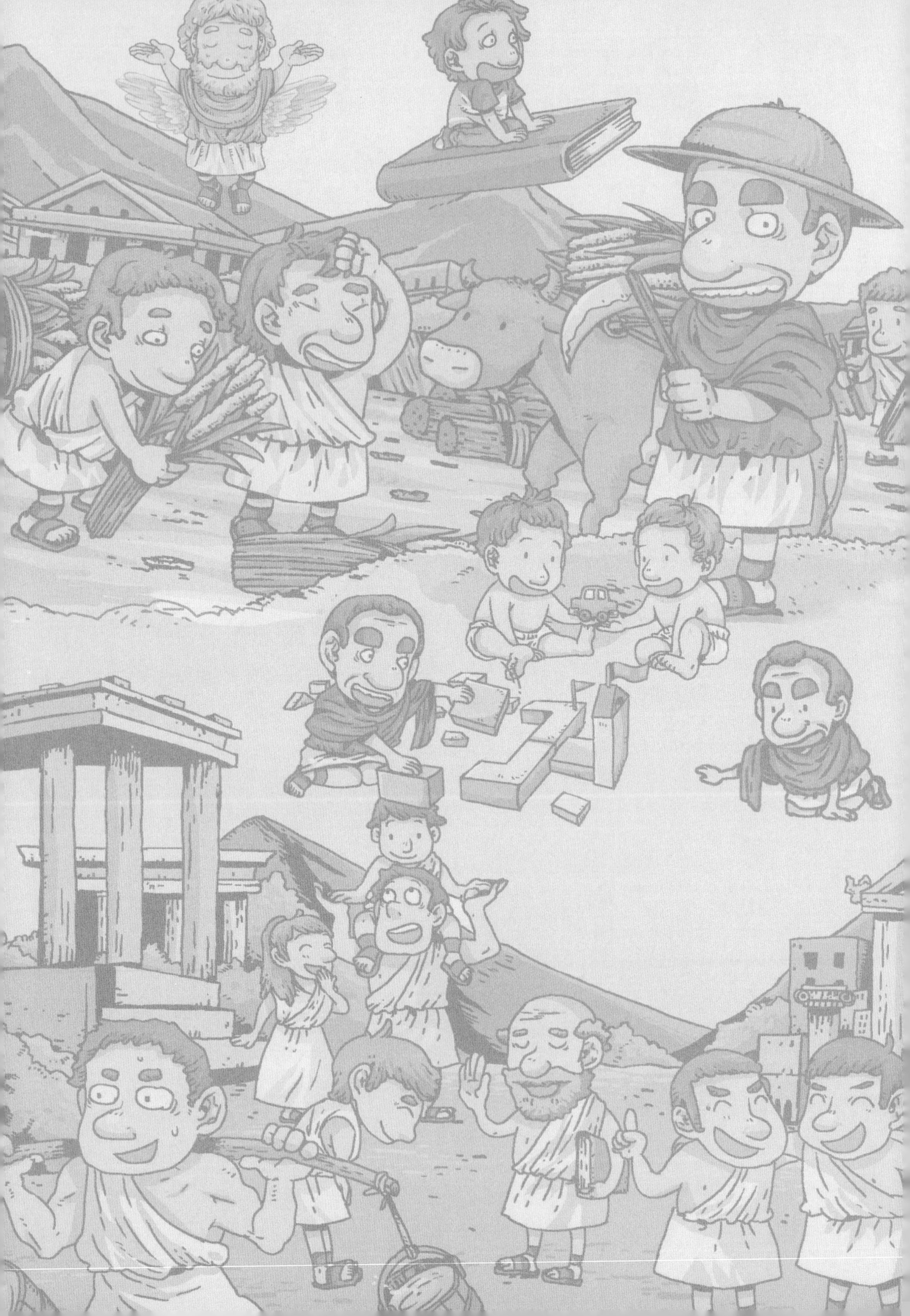

看漫画读经典系列

西塞罗的 论义务

De Officiis

［韩］尹芝根 著　［韩］权梧永 绘

杨俊娟　荀晓宁　周欣　译
刘倩　张树程　李子建

科学普及出版社
·北京·

图书在版编目（CIP）数据

西塞罗的论义务 /（韩）尹芝根著；（韩）权梧永绘；杨俊娟等译.
北京：科学普及出版社，2014.7（2020.10重印）
（看漫画读经典系列）
ISBN 978-7-110-08039-9

Ⅰ.①西… Ⅱ.①尹… ②权… ③杨… Ⅲ.①罗马法—义务—通俗读物
Ⅳ.①B502.42-49 ②D904.1-49

中国版本图书馆CIP数据核字（2013）第002097号

De Officiis by Cicero Written by Yun Ji-Guen, Illustrated by Kwon Oh-Young,
Copyright © 2009 by Gimm-Young Publishers, Inc.
All rights reserved
Simplified Chinese copyright © 2014 by Popular Science Press
Simplified Chinese language edition arranged with Gimm-Young Publishers, Inc.
through Eric Yang Agency Inc.
版权所有　侵权必究
著作权合同登记号：01-2012-3091

策划编辑	任　洪　杨虚杰　周少敏
责任编辑	何红哲
封面设计	欢唱图文吴风泽
版式设计	青青虫工作室
责任校对	刘洪岩　王庆雄
责任印制	李晓霖

出　　版	科学普及出版社
发　　行	中国科学技术出版社有限公司发行部
地　　址	北京市海淀区中关村南大街16号
邮　　编	100081
发行电话	010-62173865
传　　真	010-62173081
网　　址	http://www.cspbooks.com.cn

开　　本	787mm×1092mm　1/16
字　　数	258千字
印　　张	15.25
版　　次	2014年7月第1版
印　　次	2020年10月第11次印刷
印　　刷	北京博海升彩色印刷有限公司
书　　号	ISBN 978-7-110-08039-9/B・63
定　　价	36.00元

（凡购买本社图书，如有缺页、倒页、脱页者，本社发行部负责调换）

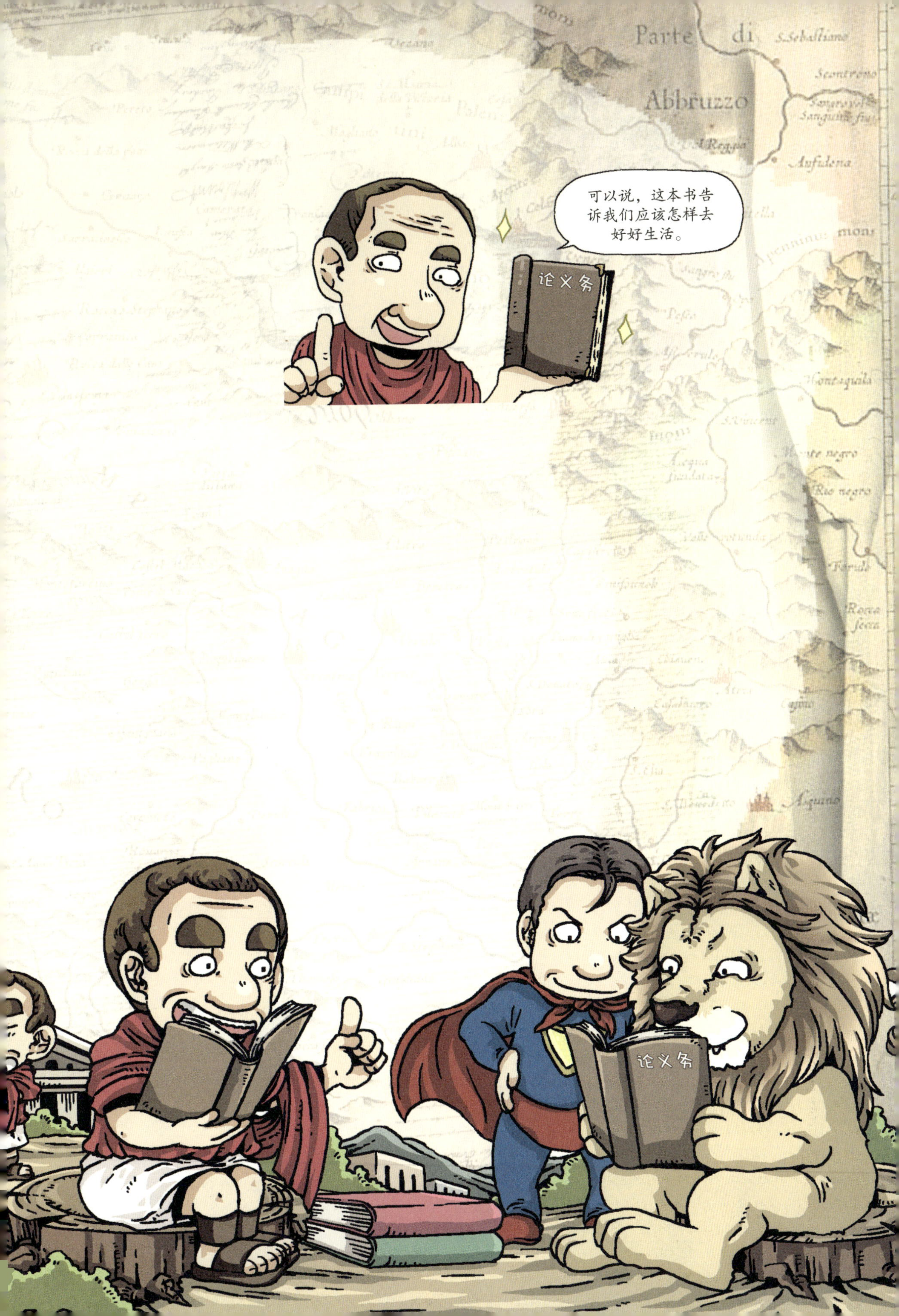
Parte di
Abbruzzo
可以说，这本书告诉我们应该怎样去好好生活。
论义务
论义务

|策划者的话|

透过漫画，邂逅大师
让人文经典成为大众读本

  40多年前，在我家的胡同口，有一个专门向小孩子出租漫画书的小店。地上铺着一张大大的黑色塑料布，上面摆满了孩子们喜欢的各种漫画书，只要花一块钱就可以租上一本。就是在那里，我第一次接触到漫画。那时我一边看漫画，一边学认字。从那个时候起，我就感受和领悟到了漫画的力量。

  漫画使我与读书结下不解之缘。慢慢地我爱上了读书，中学时我担任班里的图书委员。当时我所在的学校，有一座拥有10万册藏书的图书馆，我几乎每天都要在那里值班，边打理图书馆边读书，逗留到晚上10点。那个时期，我阅读了大量的书籍。

  比如海明威的《老人与海》，和我同龄的孩子都觉得枯燥无味，而我却至少读了四遍，每次都激动得手心出汗。还有赫尔曼·黑塞的《德米安》，为我青春躁动的叛逆期带来了许多抚慰。我还曾经因为熬夜阅读金来成的《青春剧场》而考砸了第二天的期中考试。

  那时我的梦想就是有朝一日能经营一家超大型图书馆，可以终日徜徉在书的世界；同时，我还想成为一名作家，写出深受大众喜爱的作品。而现在，我又有了一个更大的梦想，那就是创作一套精彩的漫画书，可以为孩子们带去梦想和慰藉，为孩子们开启心灵之窗，放飞梦想的翅膀，帮助他们更加深刻地理解自己的人生。

这套书从韩国首尔大学推荐给青少年的必读书目中精选而出，然后以漫画的形式解读成书。可以说，这些经典名著凝聚了人类思想的精华，铸就了人类文化的金字塔。但由于原著往往艰深难懂，令人望而生畏，很多人都是只闻其名，却未曾认真阅读。

　　现在这套漫画书就大为不同啦！它在准确传达原著内容的基础上，让人物与思想都活了起来。读来引人入胜，犹如身临其境，与那些伟大的思想家们展开面对面的对话。这套书的制作可谓是系统工程，它是由几十位教师和专家组成的创作团队执笔，再由几十位漫画家费尽心血，配以通俗有趣又能准确传达原著精髓的绘画制作完成。

　　因此，我可以很负责任地说，这是一套非常优秀的人文科学类普及读物。这套书不仅适合儿童和青少年阅读，也适合成人阅读，特别是父母与孩子一起阅读。就如同现在有"大众明星""大众歌手"一样，我非常希望这套"看漫画读经典系列"图书，可以成为广受欢迎的"大众读本"。

孙永云

| 作者的话 |

人的生存理由与义务到底是什么

　　西塞罗生活在古罗马从共和制向帝制的过渡时期，那是一个斗争激烈、风云变幻的时期。

　　他怀着热切的理想，希望把被内战和独裁野心笼罩的罗马建设成一个正义、高尚的共和国。透过西塞罗的《论义务》，我们可以清楚地看出他是怎样的一个人。西塞罗继承了古希腊哲学家帕奈提奥斯的理论，针对人生中什么是高尚的，什么是有利的，以及怎样解决发生在高尚与有利之间的冲突等问题，以斯多葛学派的思想为基础，进行了明确的论述。他认为，只有高尚的才是最大的善，也是唯一的善，所以，只有高尚的才是有利的，而有利的必须是高尚的。高尚与有利之间的冲突，其实只是高尚的善行，与看上去有利而实际并非有利的行为之间的冲突。所以，人们不必过多困惑于高尚与有利之间的冲突，而应该努力寻找如何能高尚地获取利益的方法。因为，不高尚的行为，必定是不光彩的，也不可能是有利的。

　　高尚与有利都是义务的源泉。西塞罗认为，义务来源于形成道德高尚性的四种德性（知识、正义、勇敢、克制），以及荣誉、财富、健康、宽容、善意等。

　　每个人都应该管理好这些德性。拥有伟大的人格，从周围人那里获得尊敬，在家人和朋友、地区和社会、民族和国家，乃至整个人类的生活中，实

现和平、幸福与繁荣，这是每个人都应承担的义务。而这些义务是自然所赋予人类的。人类应该顺应自然秩序，为了包括自己在内的家庭、社会、国家及整个人类，履行可以使之变得更有利的各种义务。而有利的，一定是高尚的，而且从形式上来看，也应该是最合适的。西塞罗自己就是想要过这样一种生活。同时，他还想告诉《论义务》这本书的第一读者，也就是自己的儿子，还有所有阅读这本书的其他读者，真正的义务到底是什么。

今天，我们生活在一个充满困惑的时代。如同西塞罗看待自己所生活的那个时代一样，在我们的时代中，也有很多人对于道德混乱和管理者的腐败感慨不已。历史的智慧告诉我们，一个不高尚的时代，人们是不会幸福的，国家也不会繁荣富强。时至今日，至少从感悟人类本性这一点来说，《论义务》也是一本值得认真阅读的书。

尹芝振

| 绘画者的话 |

让每一个有道德的人
都能幸福生活

　　我们每个人应该履行怎样的义务呢？作为家庭和社会成员的义务，对学业的义务，对工作的义务，对演艺的义务，夫妻间的义务，朋友间的义务……是不是应该对所有的事情都具备责任感呢？无论与谁在一起，是不是都要维持良好的关系，让事情顺利进行呢？

　　或许西塞罗就是怀着这样的心情写作《论义务》这本书的。所有的人都应该履行自己的义务，并在这一基础上好好生活。他提笔的时候，心里所希望的，就是让罗马成为每一个具有道德义务感的人都能幸福生活的地方。

　　在今天的社会中，"道德"一词依然包含着这样的含义：什么是真正正确的事情，作为一个人应该去做的事情，以及所有人幸福快乐地生活在一起应有的礼仪与义务。

各位读者，希望大家能在合上本书后，可以体会到，"啊，原来道德应该是这样的"。并且，希望从这本书中所获得的训诫，能为大家带来更大的发展。

最后，我要感谢创作了这样一部佳作的作者，还有一直在身边支持我的家人和朋友，以及在我进行绘画创作过程中不断给予我鼓励的牟海奎教授。

权梧永

| 目录 |

策划者的话　透过漫画，邂逅大师
　　　　　　让人文经典成为大众读本　4
作者的话　　人的生存理由与义务到底是什么　6
绘画者的话　让每一个有道德的人都能幸福生活　8

第1章　《论义务》是一本怎样的书　12

第2章　西塞罗是个什么样的人　32

第3章　第一个论题：关于知识与正义　52

第4章　关于勇敢和克制　72

第5章　关于合适性　86

第6章　关于道德高尚性　98

第7章　第二个论题：什么是有利　108

第8章　关于官职的荣誉　120

第9章 关于善行和慷慨 138

第10章 第三个论题：高尚与有利的冲突 156

第11章 西塞罗列举的实例（1）176

第12章 西塞罗列举的实例（2）198

深入阅读 与《论义务》相关的9个故事

    凯撒 214
    屋大维 218
    斯多葛学派 220
    伊壁鸠鲁学派 224
    学园派 226
    毕达哥拉斯学派 228
    逍遥学派 230
    马其顿的腓力二世 232
    罗穆卢斯 234

第1章 《论义务》是一本怎样的书

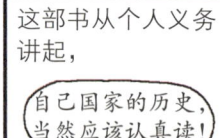

这是西塞罗62岁那一年,大约公元前44年,将他的三部曲形式的哲学信札集结在一起的一部著作。

我就是西塞罗!

这部书的英文译名是 *On Duty*,中文译名为《论义务》。

嗨!

这部书从个人义务讲起,

自己国家的历史,当然应该认真读!

对于个人对集体与社会,以及整个人类,

应该持有的人生态度做出了道德上的训诫。

可以说,这本书告诉我们应该怎样去好好生活。

12　西塞罗的论义务

书中，西塞罗以给在希腊留学的儿子写信的方式，

儿子！

论述了作为人、作为公民以及作为政治家，应具备的道德品质。

实际上，写作关于"义务"的著作，几乎是学者们的基本课题。

一些著名的哲学家都写过此类著作。

我的书是最棒的！

书名一样！

柏拉图　康德　亚里士多德　斯宾诺莎

"义务"是一个非常重要的问题，并非只是个人问题。

因为，我的生活并不是仅限于我自身，

而是与我所属的群体和社会，乃至世界和整个自然秩序，都有着密切的联系。

在任何时间、任何地点，什么是高尚的，怎样生活才是高尚的人生，都是一个重要的问题。

在宇宙中也是如此。

因为它不仅涉及每个个体的生活，

还涉及共同体和全社会的道德和利益问题。

生活

第1章　《论义务》是一本怎样的书

例如，
为了我的家人，我应该怎样去生活呢？
快去打扫房间！
为了我的朋友，我应该怎样去生活呢……
每天买零食给他吃！嘻。
为了我们的社区，我应该怎样去生活呢？
要保护好我们的社区！
作为国家的公民，我应该怎样生活呢？
为了整个人类，我应该怎样生活呢？
再进一步，在整个自然秩序中，人类应该做些什么，应该怎样去生活呢？等等。
那么，什么是正确的、高尚的？怎样生活才是正确的、高尚的呢？
？
出发！
可以说，历史上的伟人都是对“义务”有着充分认识的人。
他们充分履行了自己的义务，
将军！
不要让敌人知道我的死讯……
也得到了国民的尊敬。
我会一直陪着你的。
抖
充分履行了义务的人，都会得到周围人的称赞。
分数比上次提高了很多！
很好！

韩国的小学课本中有一本叫作《正确生活》，主要内容就是关于义务。
正确生活
快乐生活
1-1
生活指导
《论义务》这部书也可以说是西塞罗教给人们正确生活的方法。
论义务
正确生活
西塞罗的《论义务》在西方是一部非常有名的著作。
《论义务》！
我是你的粉丝，签个名吧！
论义务
就如同孔子和孟子的思想对中国、韩国、日本等东方国家产生了巨大影响一样。
大家都应该听说过英国绅士吧？
I'm a gentleman!
可以说，《论义务》就是教人成为绅士的教科书。
你也有这本书？
当然了。
论义务
论义务
在英国，《论义务》被翻译和阅读的次数要比古罗马其他经典著作高得多。
论义务
走着瞧。
古典著作
在欧洲中世纪的教会时代，西塞罗也一直被看作是一位正义之士。
佩服！
但西塞罗并不是基督徒。因为西塞罗生活的年代要比耶稣诞生早100多年，那时候基督教还没有出现哪。
十字架？耶稣？
不知道。那是什么意思？

西塞罗受到了斯多葛学派*的重要影响。

《论义务》就是汲取了斯多葛学派的思想后撰写的。

*斯多葛学派：公元前3世纪初，由芝诺创立的一个古希腊哲学学派。

在古罗马时期，斯多葛学派是最有影响力的哲学学派，

这是一个特别讲求伦理和道德的学派。

在西方史中，对于道德伦理，斯多葛学派和基督教均起到了巨大作用。

在斯多葛学派的思想中，最重要的是"自然法理论"。

所谓自然法理论，指的是要按照自然秩序去生活。

春天草绿花开，夏天万物茂盛。

秋天收获果实，冬天雪花纷飞。

自然是最伟大的老师！

按照自然赋予的秩序生活最好。

人人平等，

也是自然法理论的重要思想。

自然告诉我们，人人生而平等。

西塞罗的论义务

大约公元390年，米兰大主教安普罗修斯曾经这样说过。
这本书虽然不是基督徒所写，
却非常符合教会的宗旨。
论义务
教会的很多领导者都阅读过这本书。
太对了！说得真好！
噢
论义务
论义务
例如，在第一代神父中，
我杰罗姆读过！
我奥古斯丁也读过！
论义务
中世纪最伟大的神学家托马斯·阿奎那也曾经读过此书。
噢噢
论义务
或许是因为这本书在一定程度上已经成为权威，
论义务
1
在印刷术还没有发明之前，
最早的印刷机
这本书在15世纪中叶使用过的手抄本，至今在世界各地留下了700多册。
印刷术发明以后，它是印刷量仅次于《圣经》的书。
圣经
论义务
现在你知道我的书有多少人读过，有多么重要了吧？
论义务
这也是《论义务》这部著作在道德、伦理训诫方面的权威性仅次于《圣经》的证明。
哇！
论义务
哇！

18 西塞罗的论义务

德国启蒙君主弗里德里希大帝也曾盛赞这本书。

"所有论述道德的著作中，无论是从前，还是以后，这本书都是最棒的！"

"再重新翻译一次！"

"已经翻译了两个版本了……"

"可见，《论义务》在西方历史上有着非常重要的地位。"

得意

美国第三任总统、独立运动领袖托马斯·杰斐逊，也曾经深入学习过西塞罗的著作。

在1776年发布的美国《独立宣言》中，就提到了西塞罗的"自然法思想"和"人权神圣不可侵犯"。

独立宣言
· 自然法思想
· 人权神圣不可侵犯

有"铁血首相"之称的德国近代著名政治家俾斯麦也十分推崇《论义务》。

"想要成为政治家的人，一定要读西塞罗的《论义务》！"

时至今日，德国的大学在拉丁语课程里，仍经常选用这本书作为教材。

因为这本书文体优美，内容精彩。

"还有比我更好的书吗？"

论义务

但是，在浪漫主义盛行的时代，《论义务》则遇到了危机。

第1章 《论义务》是一本怎样的书　19

18世纪欧洲的浪漫主义运动是一场旨在对理性进行反抗的运动。
为什么一定要按照规则去生活！
而在斯多葛学派的思想中，以及西塞罗的《论义务》中，理性是非常重要的概念。
如果失去理性……
就像没有馅儿的包子！
理性是形成自然秩序的本质，是最根本的原则。
如同树木扎根于土壤之中！
但是，浪漫主义者却认为感性才是第一位的，反对一切理性。
走开！
理性
那时，西塞罗的《论义务》也被从阅读书目中删除了。
西塞罗
《论义务》
禁读！
今天，有很多学生根本就没听说过《论义务》这本书。
《论义务》？是什么？新开发的游戏吗？
《论义务》的基本内容是关于怎样成为一名道德高尚的公民。
道德
西塞罗认为，能让公民自由生活的好国家，是“共和国”。
与现实相比，他的想法虽然显得过于理想化，但他却信念坚定。
罗马就应该成为这样的共和国！
为了罗马共和国的实现，他付出了毕生的精力。
挤
挤
罗马
不幸的是，西塞罗并不拥有实现他所提倡的理想社会的政治权利。
罗马
政治家

西塞罗坚信，无论人也好，神也好，	按照其本性，都要受到自然秩序，也就是自然法的约束。	根据自然秩序，所有的存在都是自由和平等的。
在自由权利无法保障的地方，	自然秩序无法维持，	道德标准低下，会产生不法行为和各种苦难。
如果政治权利无法正常存在，国家成为一个独裁国家的话，	道德价值也就不可能得到认可，而只能更加腐败。	也就是说，独裁国家是不符合自然秩序的国家，是道德败坏的国家。
因为独裁是违背自然秩序的。	现在你们知道我为什么拥护共和国了吧？	当然，西塞罗所说的共和国，并不等同于今天的民主社会。

在西塞罗的《论义务》中，有很多对于我们来说很陌生、具有当时时代特征的例子。
论义务
但是，对于研究古罗马的人来说，则是非常有益的。
这些都是发生在古罗马的事情！
啊！原来是这样！
在对“义务”进行论述时，西塞罗引用的是一些发生在很久很久以前的案例。
所以，书中的内容理解起来比较困难。
但是，如果能集中精力认真阅读，其实也没有想象中那么难。
赶快抛弃哲学著作晦涩难懂的看法吧！
噢
《论义务》是一个三部曲，也就是说由三卷组成。
我讲的是“高尚”。
我讲的是“有利”。
我讲的是“高尚”与“有利”的冲突。
第一卷和第二卷论述的都是帕奈提奥斯依据斯多葛学派思想所提出的问题。
我就是帕奈提奥斯。
第三卷论述的是帕奈提奥斯没能完成的，关于“高尚与有利之间的冲突”这一问题。
终于完成了……
嗯！
也就是说，《论义务》并不是西塞罗完全独立创作的，大的架构都来自于帕奈提奥斯。
你应该感谢我！

现在让我们来了解一些帕奈提奥斯的情况吧。

哦？

帕奈提奥斯是一位出生于古希腊的斯多葛学派哲学家，大约生活在公元前180年到公元前109年。

我出生于公元前106年，就是说……

在你出生前3年我就死去了。

飘然而逝

帕奈提奥斯后来居住在罗马，他是最先将斯多葛派哲学引入罗马的人。

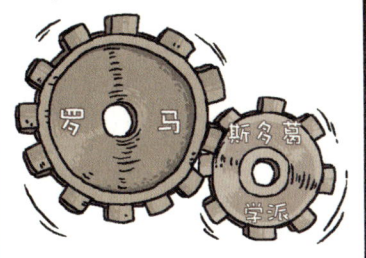

对于"不幸"或者"危险"等问题，斯多葛学派采取超然态度，

哎呀！对不起。

无所谓。

具有强烈的逃避主义色彩，对于现实中不道德的行为也只想逃避。

嗖

不道德

而斯多葛学派的这种消极态度，却被帕奈提奥斯

转化成了宽容、大度、慈悲等积极的表现。

消极 积极 斯多葛学派

也就是说，为了契合罗马人的生活，他将斯多葛学派的思想做了全新的演绎。

宽容 大度 慈悲 斯多葛学派

第1章 《论义务》是一本怎样的书 23

帕奈提奥斯在他的著作《论义务》中，
论义务
提出了关于高尚、有利，
高尚
有利
以及高尚与有利之间的冲突这三个问题。
高尚
有利
他用三本书完成了对第一和第二个问题的论述。
嗯！厉害！
关于第三个问题，本来是打算之后再写，就暂时留了下来。
明天再写吧。
结果却永远无法完成了。
啊！
后来西塞罗详细论述了第三个问题。
住手！
高尚
有利
西塞罗认为，在第一和第二个问题上，
帕奈提奥斯的阐述并不完整。
不够啊……
所以，对于第一个问题，也就是关于道德高尚性的研究，
高尚
西塞罗添加了“比较”的内容。
高尚
比较
高尚
在第二个问题中，也就是关于有利的问题，西塞罗也增加了“比较”这个内容。
比较
有利
有利

第1章 《论义务》是一本怎样的书

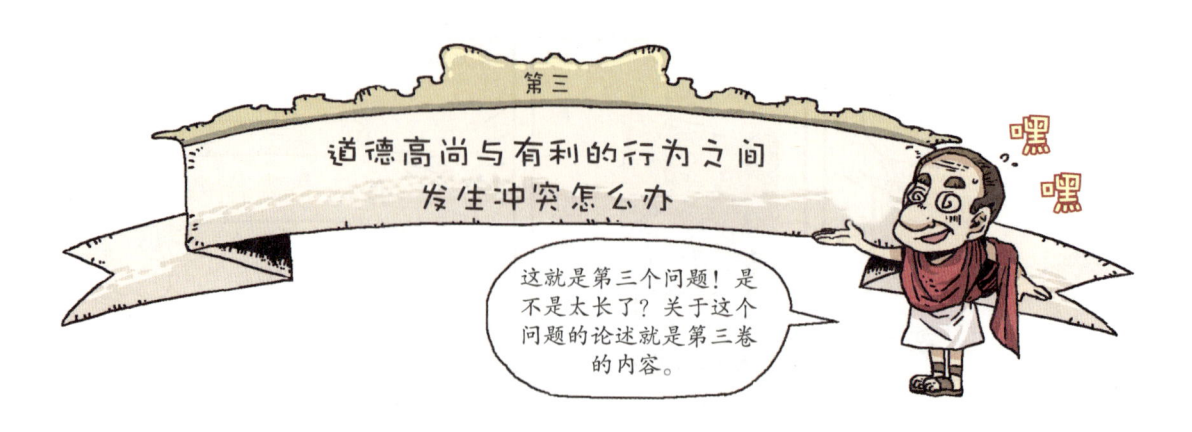

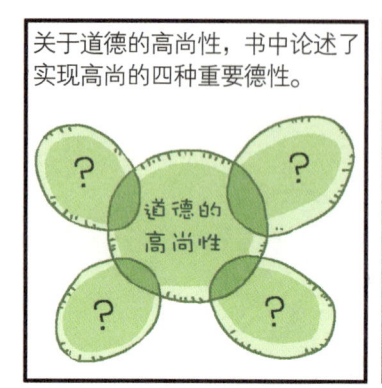

第三 道德高尚与有利的行为之间发生冲突怎么办

这就是第三个问题！是不是太长了？关于这个问题的论述就是第三卷的内容。

关于道德的高尚性，书中论述了实现高尚的四种重要德性。

那就是知识、正义、

知识！

正义！

勇敢和克制。

我一定能飞！

再多等会儿就能吃到……

后面我们将逐个来学习这些德性。

首先，我来简单地概括一下。

"知识"就是指学习、掌握真理。

哈哈！菠萝原来不是长在树上的。

"正义"是对于人类社会秩序的维护。

哼！

"勇敢"是指一种崇高的、不屈服的精神。

来……来吧！

"克制"是关于宽容与节制，以及以柔克刚的力量。

忍耐……

26　西塞罗的论义务

《论义务》中阐述了构成高尚道德的四种德性,

以及从这些德性中产生的相应义务,

还有个人由于生活的时代、地位、能力不同,所表现出来的道德状态。

《论义务》中还提到了利益问题。

书中论述了应该怎样去追求利益,

才能以道德高尚为基础,实现成功的人生。

这块石头不适合建造金字塔!

哇!这块很合适。

在生活中,高尚与有利之间会不会发生冲突呢?

第2局

高尚 有利

如果一件事情是有利的,但不是高尚的,那应该怎样选择呢?

要是得到那块土地,百姓就能过好日子。

但是那样的话,就要发动战争……

西塞罗的立场非常坚定。

绝不能做那样的事!

不高尚的行为绝对不会是有利的!

这就是西塞罗对于冲突的反驳。

咣 咣

高尚 VS 有利

第1章 《论义务》是一本怎样的书　27

西塞罗认为，这种矛盾或者冲突只是一种表面现象，

而实际上是绝对不会产生这种冲突的。

这样看的话，它们并没有发生冲突。

比如，就算我们得到了物质上的利益，

但是失去了道德上的价值或正义感，其结果就是不利的。

有人偷香蕉！啊！快跑！

因为物质上的利益不能补偿正义或道德上的损失。

装得像个好人一样！原来是个贼！

牺牲掉的德性是无法恢复的，是最大的损失。

坏人 恶棍 小偷 啊！

牺牲了"高尚"这一德性，是不可能得到任何利益的。

西塞罗在《论义务》中提出的观点都是非常实用的。

他所说的义务，不是一种绝对抽象的、理论上的概念。

抽象 理论

在这一点上与斯多葛学派有着很大的区别。

斯多葛学派 论义务

西塞罗将斯多葛学派禁欲、逃避现实的观点，转变成了面对现实、积极的实践理论。

变，变，变！ 斯多葛学派

28 西塞罗的论义务

西塞罗在主体上是站在斯多葛学派的立场上，

但并不是照搬斯多葛学派的思想。

他通过自己的判断，只选取了符合论述目的的一些观点。

我不需要皮和籽。

这种方法对于我们今天的学习来说，也是非常重要的。

无论学什么，都不能照搬照抄，而应该有自己的观点。

哎呀！这次考试得了倒数第一！

分数并不重要！

能让自己的人生更加丰富、更加幸福，才是学习的真正目的。难道不是吗？

西塞罗认为，高尚的行为不能脱离公共活动。

公共活动　道德高尚

因为，人是社会的产物。

实际上，每个人的生活都与其他人的生活相关联，

因此，应该承担为他人的生活做出贡献的义务。

所以，正确理解义务的含义，是非常重要的。

义务

第1章 《论义务》是一本怎样的书　29

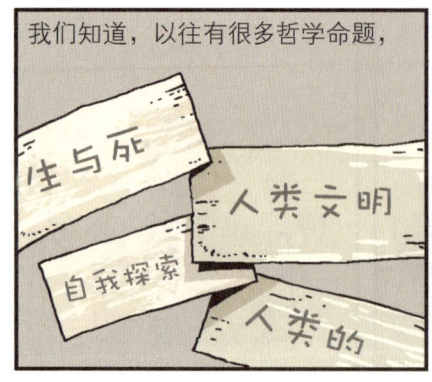

西塞罗在《论义务》中教导自己的儿子，要追随自然与智慧，远离享乐与放荡。

儿子！

一起玩吧！

不要！

因为追逐享乐与放荡，就是浪费自己的人生，等同于放弃对共同生活的同伴应尽的义务。

不是只有作恶才是犯罪，"不行善"同样也是犯罪。

啊？原来如此！

我们知道，以往有很多哲学命题，但似乎缺少了实际生活中大家所关注的问题，比如义务。

生与死　人类文明　自我探索　人类的

论义务

30　西塞罗的论义务

实际上，无论于公于私，

无论在公司还是在家里，

无论是一个人还是与别人在一起……

不管哪种情况，人只要活着，就不能与义务分离。

义务是一个道德问题，

道德是哲学中最重要的命题。

怎样生活才是正确的？不能回答这个问题的哲学，就不能称之为哲学。

从这个角度来说，西塞罗是一位真正的哲学家。

第2章 西塞罗是个什么样的人

大家是否听说过西塞罗这个名字？

西塞罗？好像是第一次听说。

是新出的零食吗？嘻嘻。

西塞罗是很久很久以前生活在古罗马的一个人。

当当！

登场

他是一个非常有名的人物，可以说是"绅士"的鼻祖。

西塞罗是古罗马著名的哲学家，

西塞罗的论义务

也是古罗马文学史上最具才华的人物之一。

他的著作被认为是罗马古典著作中最优秀的作品之一。

你看过西塞罗的新书了吗？

还没有！肯定又是很棒的！

古希腊和古罗马是当今西方社会的精神故乡。

同时，西塞罗也是法学家和政治家。

由此可见，他是对西方社会的精神源泉有着重要影响的人物。

另外，西塞罗还是优秀的演说家。

他学识渊博，善于学习……

他精通法律，能言善辩。

可以去搞政治了！

除了富有才华，西塞罗还是一位品行很好的人。

竟然这么完美……

只有才能，很难成为一名优秀领导者，而品德要比才能更重要。

吭哧

才能

国

优秀的领导者不仅要具备能力，还必须有良好的品德。

啪

仅从《论义务》这本书，我们就能推测出西塞罗是一个怎样的人。

论义务

第2章　西塞罗是个什么样的人　33

西塞罗所生活的时代，是古罗马史上最混乱、权力纷争最激烈的一个时期。

大家都熟知的一系列人物——著名的凯撒*，

我就是凯撒。

被称为奥古斯都大帝的屋大维和他的政治对手安东尼**，

* 凯撒（公元前100—公元前44）：古罗马的皇帝、政治家。
** 安东尼（公元前82—公元前30）：古罗马的统帅、政治家。

还有埃及艳后克莱奥帕特拉***，都生活在那个时代。

在这个充斥着政治斗争的岁月里，西塞罗热切地盼望着能将充满腐败与堕落、内乱与无序的罗马，

重建成一个正义美好的共和国。

*** 克莱奥帕特拉（公元前69—公元前30）：埃及托勒密王朝最后的女皇。

公元前106年1月3日，西塞罗出生于距罗马100多千米的阿尔皮努姆。

哇！哇！

阿尔皮努姆本来不属于罗马，当地使用的是一种叫作"伯什语"的语言，而不是拉丁语。

自从公元前188年，阿尔皮努姆人获得了罗马公民权以后，

才开始使用拉丁语。

就像在美国的侨民日常用英语而非母语一样。

是的。

因此，西塞罗使用拉丁语创作了许多伟大的著作，成为罗马古典文学中最著名的人物之一。

34　西塞罗的论义务

在那个时代，罗马有教养的人通常精通希腊语和拉丁语两种语言。

像我这种有教养的人，都要懂两种语言。

其实，只要用心学习，我们也能精通英语，对吧？

we can't promise one won't ever……

什么？

就像在英国历史上，上流社会其实更喜欢说法语。

Mademoiselle 小姐！

Monsieur 先生！

而在罗马，很多做学问的人更喜欢用希腊语而不是拉丁语。

因为在哲学或者文学领域，使用希腊语会更加方便。

这是在文化传播过程中经常出现的一种情况。

文化

这一点其实很好理解。就像在我们今天的生活中，会使用一些英文词汇一样。

而西塞罗，既精通拉丁语，又精通希腊语。

因为在西塞罗出生的阿尔皮努姆，从小学开始就教授希腊语。

拉丁语拉丁语 拉丁语拉丁语 拉丁语拉丁语 拉丁语拉丁语 拉丁语拉丁语

希腊语 希腊语希腊语 希腊语希腊语 希腊语希腊语 希腊语希腊语 希腊语希腊语

哇啦　　哇啦

后来，他又学习了希腊语修辞学。

修辞*？是审讯犯人吗？

不是的。

修辞是一种在演说或辩论中使言辞表达得更好的方法。

当时著名的辩论大师多数都是希腊人，所以西塞罗也用希腊语进行了多方面的学习。

啊哈！

*译注：韩语中"修辞"与"侦破"谐音。

第2章　西塞罗是个什么样的人　35

后来，他利用自己所掌握的希腊语，将希腊哲学中的许多理念翻译成了拉丁语。

翻译成大家容易理解的拉丁语，一定会促进拉丁语的发展。

因为我们自己的语言要比其他语言更重要。

现在大家认真学习英语，以后把英语中的优美文章翻译成自己国家的语言；

让更多国人可以读懂，这将是一件很有意义的事情。

在西塞罗所生活的罗马，大家公认的"出人头地"道路有两条：

光觉得委屈是没用的。

就是成为军人，或者成为律师。

在人类历史上，有一个非常明确而又显而易见的事实，

那就是人类曾经发动了许多次战争。

韩国历史上好像也是这样……

××战争

××战乱

××战乱

出生在没有战争的年代，你应该感到很幸福。

生活在和平年代的孩子是多么幸福啊！

36　西塞罗的论义务

在战乱不断的年代，最容易出人头地的方式就是参军，建立战功。

他在这次战斗中俘虏了敌人的头领。

好，给他记上一功！

所以，在古罗马时代，很多人愿意参军，成为军人。

安静！安静！大家排好队。

征兵

哇 哇

另外，还有一条成功之路，就是成为律师。

罗马就在我的手中。

法典

律师在法庭上精彩辩论，既能挣到很多钱，又能快速出名。

众所周知，古罗马是一个以法律著称的国家。

法

在那里，经常可以听到"罗马法"这个词。古罗马既是一个法律比较健全的国家，又是一个诉讼较多的国家。

好吧！这个南瓜到底是谁的，法律说了算！

越是生活好的国家，诉讼越多。

到底是谁的？

这种小事也来找我……还三番五次，真累人！

由此可以看出，当时人们对个人的权利非常重视。

虽然是小事，但对他们来说，却很重要。

再累也要处理好。

因此，法庭上的辩论是一项非常重要的工作。作为律师，一次精彩的辩论就可以声名鹊起。

是你先捡到的，所以应该是你的。

谢谢！没有这个南瓜，我就饿肚子了。

呜呜

唉，真可惜。

第2章　西塞罗是个什么样的人　　37

要想在法庭上做出精彩的辩论，就要善于辞令。
嗯……所以这……个……
哇哇哇…
你就是这样为我辩护的吗？
因此，只有进行一些必要的学习，才能让自己能言善辩。
哲学
逻辑学
修辞学
我要一口气读完……
西塞罗就是选择了学习法律，在法庭上为人辩论这条路，
嗨！
经过训练，才能做得更好。
并且成了著名的雄辩家。善于辩论或演说，对人生也是非常有益的。
请为我辩护吧！
我先来的！
西塞罗的家族虽然是地方贵族，但和古罗马的元老院没有任何关系。
我爸爸是骑士。
妈妈是普通的家庭主妇。
古罗马的元老院，相当于现在的上议院。
元老院是古罗马的政治机关，负责讨论和决定国家的重要问题。
还要帮助皇帝撰写公文。
元老院成员大多是世袭的，主要是一些出身于显赫家族的富人。
为什么只有富人才有资格?!
西塞罗通过勤奋的努力，
我要通晓各门学科，我要让别人看到，我是最棒的！
终于成了元老院的一员。
这就叫白手起家。

"西塞罗"这个词的原意是指鹰嘴豆。据说西塞罗的鼻子很像鹰嘴豆,故而取了这个名字。

> 你看他的鼻子。

> 真是个特别的鼻子。

不过也有人认为,这个名字是源自他同名的祖父"西塞罗"。

> 跟我的鼻子长得一样。

祖父

古罗马历史学者普鲁塔克说,西塞罗是当时全罗马关注的最具才华的学生。

> 大家都在模仿西塞罗。

西塞罗很喜欢诗歌,他年轻时还曾经写过诗。

> 哦,鸟啊,你为什么是鸟——

他曾经翻译过古希腊著名诗人荷马的著作。

> 邻居家的西塞罗都已经翻译诗歌了,你能干点什么?

> 哇呀!

公元前90年至公元前80年,西塞罗埋头于哲学研究。

哲学影响了西塞罗的一生。

前面曾经提到,是西塞罗把希腊哲学介绍到了罗马,

并在拉丁语中创造了许多新的哲学词汇。

第2章 西塞罗是个什么样的人　39

大约公元前87年,一位院长来到罗马访问。 什么?柏拉图创办的学园的院长要来罗马?	西塞罗对哲学非常痴迷,他坐在这位院长的脚边,认真学习柏拉图*的哲学思想。 虽然有点儿异味,不过也要忍耐……	他甚至将柏拉图奉为自己的神。

* 柏拉图(约公元前428—公元前347):古希腊著名哲学家。

西塞罗最推崇的柏拉图思想之一,就是道德政治的慎重性。 和哲学内容相比,我更看重伦理内容。 道德	或许,西塞罗是比柏拉图更追求实用与实践的人。 一次实践胜过千言万语。 咚咚	柏拉图是希腊人,而西塞罗是罗马人。 罗马人 希腊人

西塞罗也受到了斯多葛学派的影响。 斯多葛	那时斯多葛学派在罗马非常盛行。 快看!斯多葛学派。	对于重视自我控制、自我节制和意志力的罗马人来说,斯多葛学派有着极大的号召力。 要忍耐。 斯多葛学派

斯多葛学派的思想,是以禁欲、追求高尚道德为根本。 斯多葛学派 禁欲 道德	斯多葛学派的这种"自然法"思想,对于后来被称为"万民法"的罗马法有着深远影响。 万民法

西塞罗的论义务

在荷马的史诗《伊利亚特》中有这样的句子。

无所事事
亦难逃一死，
不如奋斗终生。
——荷马

虽然有些自夸，但事实确实如此！

而这句话，也正是少年西塞罗的梦想。

第一名！

"年轻人要胸怀大志"，你一定听过这句话吧？

Boys, be ambitious!

志向

西塞罗从小就有远大的志向。

等着瞧，我一定会成为让全世界震惊的伟大人物！

熊熊燃烧

而要成为伟大的人，需要有丰富的阅历。

侃侃而谈

就拿我来说，我曾经击败过敌人的首领，得到了皇帝的奖赏。

所以，西塞罗曾经在军队中服役。

嗨——嗨——

来了才知道跟想象的不一样。

不过就是一些锻炼身体的训练而已。

不干了。

嗖

对于有知识又持和平主义主张的西塞罗来说，军队生活或者体育锻炼是没有吸引力的。

那是当然了。

哼！

和平主义者最厌恶的就是战争。

一起来吧。

战争

绝对不要！

咻 咻

第2章　西塞罗是个什么样的人

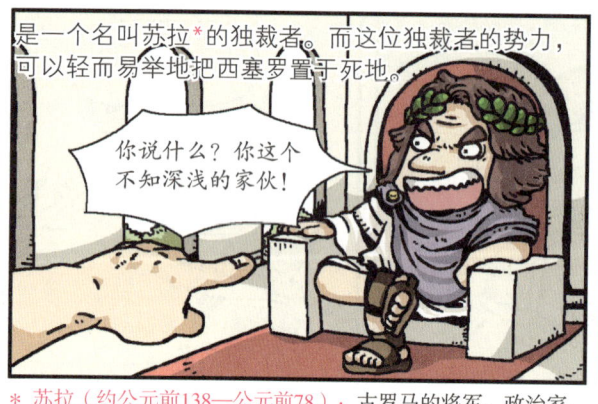

大约在公元前83年，西塞罗开始了他的律师生涯。

作为律师的第一场辩论，是为一名杀害父亲的嫌疑犯罗西乌斯进行辩护。

怀疑他杀了自己的父亲……那可是个重刑犯啊。

我是冤枉的！

负责这场辩论，对西塞罗来说其实非常不利。

情况不太好啊！

当时，西塞罗还不为罗马法庭所熟知。

你知道为那个重刑犯辩护的西塞罗是谁吗？

什么西塞罗？

在这个案件中，被西塞罗指认为杀人者的，

罪犯就是你！

啪

是一个名叫苏拉*的独裁者。而这位独裁者的势力，可以轻而易举地把西塞罗置于死地。

你说什么？你这个不知深浅的家伙！

因此，这是一件棘手且需要极大勇气的事。

我一定可以做到！一定能证明你是有罪的！

把你的手拿开！

*苏拉（约公元前138—公元前78）：古罗马的将军、政治家。

最终，西塞罗的辩护大获成功。从而间接地削弱了苏拉的独裁地位。

苏拉有罪！

等着瞧！

他的辩护也赢得了反对苏拉独裁统治的人们的拥护。

独裁者只能得到悲惨的下场。

但是，这样的勇气和辩论也为西塞罗的未来埋下了隐患。

西塞罗的论义务

后来，西塞罗去雅典旅行。

见到了他的朋友阿迪库斯。

嗨！我的朋友！

通过阿迪库斯，他参加了希腊哲学界的很多聚会。

还记得我们前面介绍的柏拉图学园吗？

柏拉图学园可以分成旧学园和新学园。

随着人们思想和观念的变化，学园派也分成了旧和新两派。

OLD　NEW

西塞罗的哲学观点更接近新学园派。

OLD?　NEW?

怎么突然变得这么复杂。

差不多也就这些了，不必太紧张。

以后有机会再详细探讨。

难懂的内容多听几遍，就会觉得简单。

西塞罗在雅典逗留期间，还参加了一些修辞学方面的学习课程。

这些学习对于他日后的演说风格有很大的帮助。

第2章　西塞罗是个什么样的人

| 西塞罗返回罗马以后,他的声誉有了大幅提升。 | 他在西西里停留期间,还发现了古希腊数学家阿基米德的墓碑。 | 大约公元前75年,西塞罗在西西里担任刑事推事官。 |

| 在工作中他表现出正直诚实的品德, | 很多人心怀感激并推举他为受托人。 | 当时,西西里的统治者威勒斯是一个臭名昭著的暴君。 |

| 于是,西西里居民请西塞罗为他们提起诉讼。"我们再也忍受不了啦!" | 西塞罗与为威勒斯辩护的霍腾西乌斯*展开了辩论,并获得成功。 | 最后,被认定有罪的威勒斯遭到了放逐,"放逐!" |

*霍腾西乌斯(公元前114—公元前50):古罗马雄辩家、政治家。

| 霍腾西乌斯也被赶走了。"都是为那暴君辩护,害得我也只能离开!" | 尽管如此,西塞罗与霍腾西乌斯却成了很好的朋友。"没关系!你只是尽力去完成你的职责而已!" | 在那次辩论之后,西塞罗获得了很高的声誉,一跃成为罗马最好的演说家。"真是一个美好的夜晚!" |

44　西塞罗的论义务

在西塞罗的家族中，并没有出过什么伟大的人物。

> 我以为只有那些出身名门的人才能当律师，才能获得这么高的声誉呢。

太意外了。

西塞罗的父亲是骑士，属于中间阶层，或者也可以叫作平民阶层。

> 我的爸爸是骑士。

和今天一样，那时如果家族中出过名人，会被看作是"出身名门"，就更容易出人头地。

> 我们家是四代祖传的名医。

西塞罗是在古罗马共和国动荡不安的环境中长大的。

他生活的那个年代，正是罗马从共和制向帝制过渡的时期。

那是一个三巨头鼎立的政治时代，著名独裁者凯撒就是那个时代的人。

在那个时代，独裁者们为了掌握权力，经常采取煽动政策。

> 如果你们支持我，我会让你们每天都能吃到肉。

前面提到的独裁者苏拉，就是在内战中取得胜利后，推翻了作为罗马共和国基础价值观的自由。

为了让独裁正当化，他更改了法律。

> 没有哪件事是按照我个人意愿办的，都是按照法律进行的。

嘿嘿

西塞罗十分厌恶参与这种趋炎附势的煽动活动。

> 思考有关共和国改革的时间都不够，哪还有空去参加那些煽动活动！

在治理国家方面，西塞罗有着过人的才华，

但是由于他身处平民阶层，很难轻易地获得权力。

> 哪儿来的平民，还想跟我们谈政治！出去！

第2章 西塞罗是个什么样的人

尽管如此，大约在公元前63年，西塞罗还是凭借自己的努力当上了执政官，这也是罗马国家官职的最高职位。

现在任命你为罗马的执政官！

在担任执政官期间，他粉碎了喀提林*企图颠覆罗马的阴谋。

赶快投降吧！

你……你竟然！

*喀提林（约公元前108—公元前62）：古罗马共和制末期的政治家。

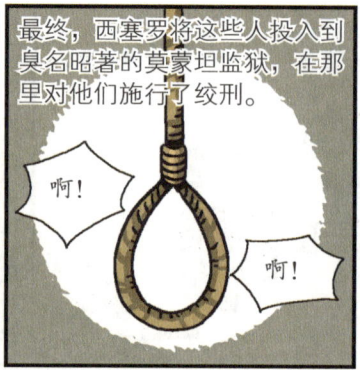

尔后，西塞罗凭着他精彩的演说，将喀提林驱逐出了罗马。

驱逐！

喀提林留在罗马的余党后来试图再次发动新的叛乱，

但是西塞罗成功地截获了他们的往来密函，并让他们在元老院面前承认了所有罪行。

然而元老院不是司法机关，只是立法的顾问机构。

他们无权依法判刑。

后来，凯撒就登场了。

对所有的阴谋者实行军法处置。

对他们施行终身监禁怎么样？

加图**提出了死刑判决，元老院全体成员都表示同意。

这是叛国罪！一定要执行死刑！

最终，西塞罗将这些人投入到臭名昭著的莫蒙坦监狱，在那里对他们施行了绞刑。

啊！

啊！

但是，未经审判就对罗马公民执行死刑，这一行为让西塞罗感到紧张和害怕。

很快就要给你们讲到我的悲剧故事了。

呜呜

** 加图（公元前95—公元前46）：古罗马共和制末期的政治家。与主张保留共和制传统的凯撒处于对立面。

46　西塞罗的论义务

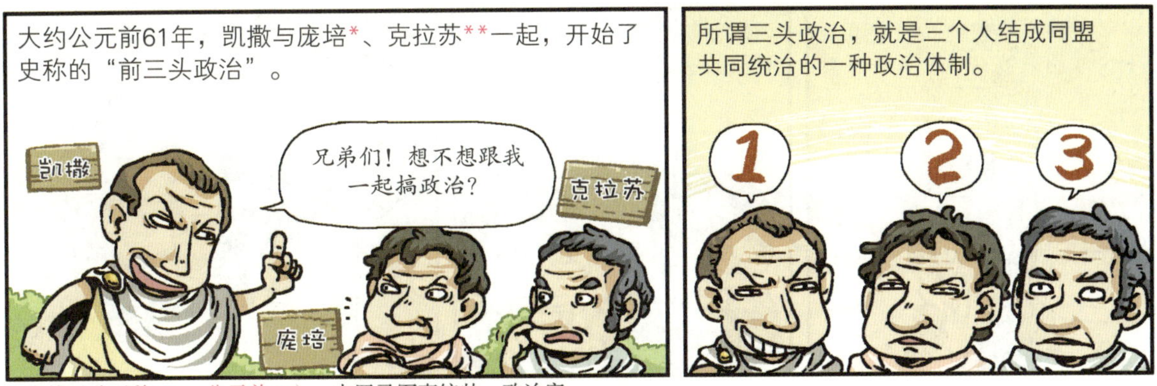

* 庞培（公元前106—公元前48）：古罗马军事统帅、政治家。
** 克拉苏（公元前115—公元前53）：古罗马军事统帅、政治家。

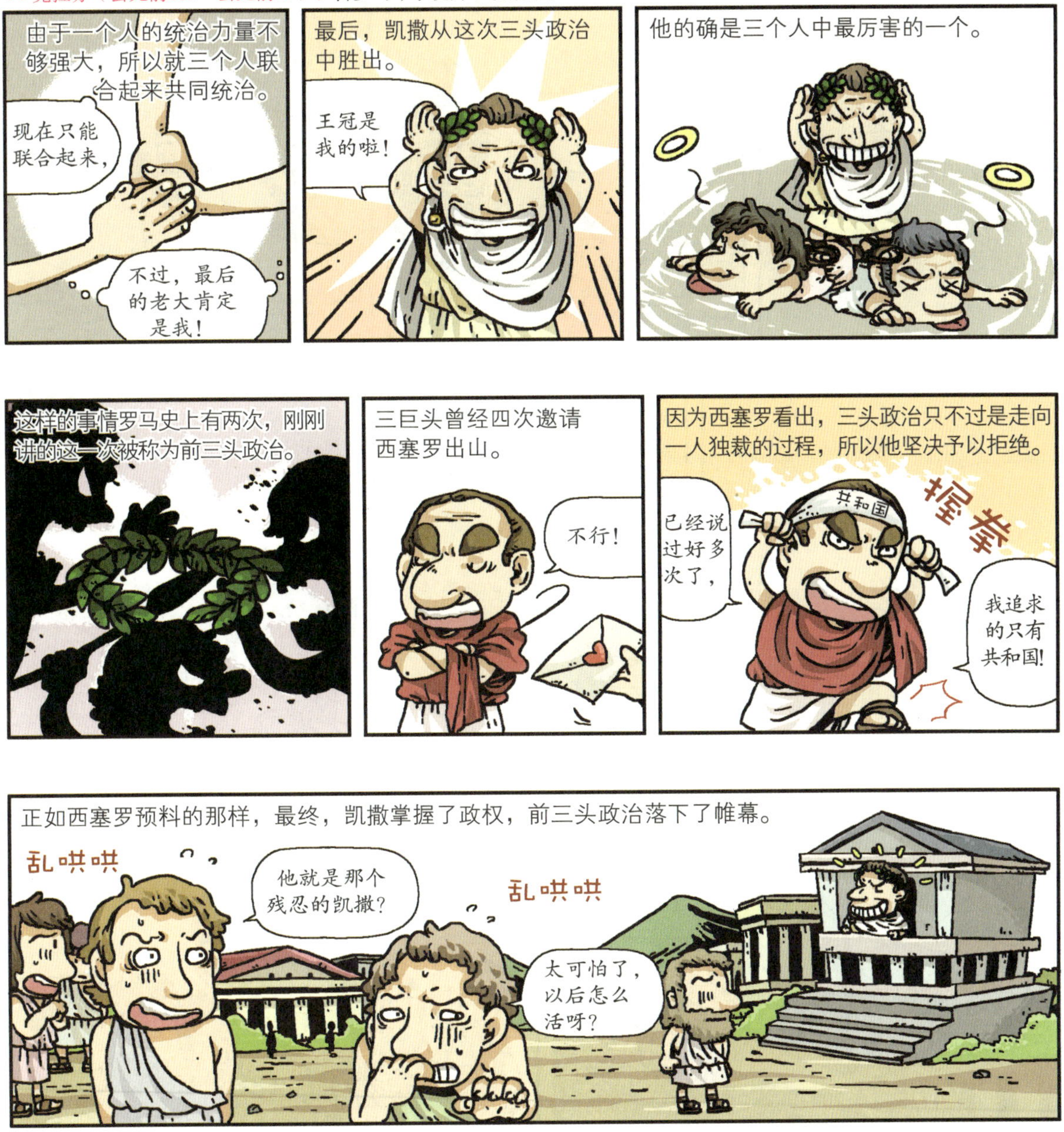

好了，现在接着前面的故事往下说。后来罗马颁布了法律，未经审判就对罗马公民执行死刑的人，要被放逐。
我也要遭受同样下场？
放逐！
西塞罗努力想获得庞培和执政官们的支持，
拜托不要将我放逐……
但最终没能如愿。在公元前58年，西塞罗被驱逐出罗马。
他被放逐到希腊的塞萨洛尼基，
罗马
塞萨洛尼基
而且不允许他接近距意大利400千米以内的地方。
禁止接近！
意大利
400km
他的财产被全部没收，家也被毁了。
西塞罗认为，自己是由于遭到元老院和法官们嫉妒才被放逐的，因此产生了深深的挫败感。
怎么能这样对我……
他在写给朋友阿迪库斯的信中，表达了想要自杀的心情。
阿迪库斯：
我每一天都过得如同在地狱一般，上天为什么对我如此残酷？
我真的很想去死。
阿迪库斯凑了一大笔钱，想方设法将被放逐的西塞罗接了回来。
这么多钱应该可以保释他了！
握拳
公元前57年，西塞罗终于回到了罗马，并受到了他最钟爱的女儿的欢迎。
爸爸！
女儿！
元老院恢复了他的官职，损失的财产也得到了补偿。

与此同时，曾经参与前三头政治的凯撒和庞培之间的矛盾日益加剧。

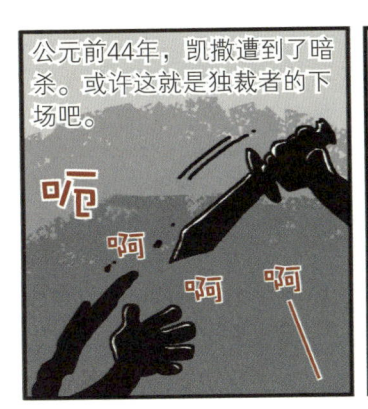

西塞罗支持庞培，但又不想与凯撒为敌。

公元前49年，凯撒入侵意大利，西塞罗逃出了罗马。

要是被发现我是庞培这一边的就糟糕了！

西塞罗来到庞培的营地。在那里，他看到的是一派士气低迷的景象。

最终，庞培在法萨卢斯战役中战败，西塞罗不得已又回到了罗马。

这次我死定了……

但是，凯撒并没有怪罪西塞罗。

快来吧！

让我们忘记过去，重新开始吧！

啊！

公元前44年，凯撒遭到了暗杀。或许这就是独裁者的下场吧。

西塞罗虽然没有参与那场阴谋，阴谋者们却主动把他划到了自己的阵营中。

西塞罗一定会赞成咱们这么做的。

没错，他不是一直希望实现共和国嘛！

暗杀者布鲁图*举着暗杀凯撒时所用过的沾满鲜血的短剑，这样大声呼喊着：

西塞罗！西塞罗！

*布鲁图（公元前85—公元前42）：古罗马的政治家。

西塞罗再次被推到了风口浪尖。

元老院经过讨论后赦免了凯撒的暗杀者，条件是不能将凯撒认定为暴君。

听上去还不错……

这件事就这么过去吧！

小声议论

但是，安东尼却一直计划着要为凯撒复仇。

怒火中烧

第2章　西塞罗是个什么样的人　49

安东尼一直在凯撒手下担任执政官。

我是元老院的发言人。

他与西塞罗的关系始终不太融洽。

那个家伙真是太讨厌了！

后来，凯撒的继承人屋大维*回到了意大利，他就是后来被尊称为奥古斯都的古罗马开国皇帝。

* 屋大维（公元前63—公元14）：古罗马帝国的开国皇帝。

西塞罗站到了屋大维一方，试图推翻安东尼。

嘿嘿

等着瞧吧，安东尼……

他在演说中将屋大维捧上了天，却严厉地批评了安东尼。

咕咚

当时，西塞罗几乎没有对手，站到了名誉的巅峰。

听说了吗？西塞罗说，安东尼是……

但是，西塞罗想将安东尼放逐的计划却没有实现。

哗啦啦

安东尼和屋大维达成了和解，他们和雷必达**一起，开始了"后三头政治"。

他们开始放逐那些有可能成为对手的人，其中包括西塞罗和他的兄弟们。

他们是我的敌人，因此必须把他们都放逐！

** 雷必达（公元前？—公元前13）：古罗马的政治家、将军。

还有一些研究者认为，屋太维想将西塞罗的名字从黑名单中删掉，为此还与安东尼辩论了两天。

只有这一次……

你原谅他吧！

绝对没商量！

最终，西塞罗被指控为罪行最严重的人。

对不起，我保护不了你。

呜呜！

怎么办……我该怎么办！

50　西塞罗的论义务

西塞罗只好选择了逃跑。

站住！

遗憾的是，他还是被抓住了。公元前43年12月，西塞罗迎来了他人生的最后时光。

西塞罗的头颅和双手都被砍了下来，

并被安东尼挂在罗马广场上示众。

还有一种传说是，安东尼的妻子半夜在西塞罗的舌头上钉了钉子。

这大概代表着统治者对西塞罗能言善辩的厌恶，还有就是通过这种方式来震慑其他敌人。

而这也象征着罗马共和制的终结。

共和国

那么，西塞罗的儿子怎么样了？

幸好他当时在希腊，躲过了劫难。

爸爸——

在屋大维掌握政权后，他才回到罗马并被任命为亚细亚地区和叙利亚的总督。

第2章　西塞罗是个什么样的人

第3章 第一个论题：关于知识与正义

《论义务》中的第一个论题，就是关于道德高尚与荣誉。

说到道德和荣誉，是指每个人都应该做的事情。

相反，不道德和不荣誉的事是不应该做的。

捐款箱

关于道德的论题，可以说是《论义务》的出发点。

预备——

论义务

那么，什么是"道德高尚"呢？"高尚"和"荣誉"又是指什么？

就知道你会这么问。

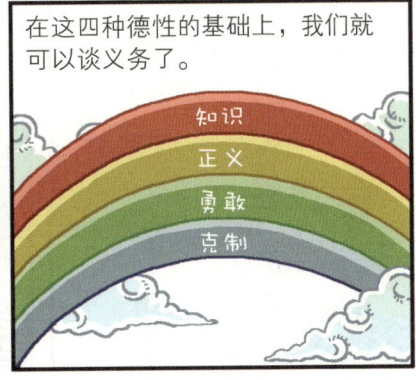

我们曾经说过，道德的高尚与荣誉产生于四种德性。

嗯，那么……

知识、正义，还有勇敢、克制，对不对？

正确！不过知识还要再分为智慧和预见。

在这四种德性的基础上，我们就可以谈义务了。

知识
正义
勇敢
克制

义务，是对真理的洞察和领悟，通过智慧和知识去履行的行为；

正义的行为是义务；

伟大而英勇的行为是义务；

忍耐、节制和善行也是义务。

所谓义务，就是理所当然应该去做的事情。

那么，理所当然应该做的事情有哪些呢？

首先要做的事是什么呢？

老奶奶搬着沉重的东西……应该去帮忙！

不会有人认为，偷东西是应该做的事吧？

偷东西是做坏事！

咣！

第3章　第一个论题：关于知识与正义　53

道德的高尚和荣誉来源于四种德性。
而在这四种德性中……
嗖
我们先来研究知识和正义！
知识
正义
先看看“知识”这种德性。
知识
知识包括智慧与预见。
你好！
智慧
预见
它代表着对于真理的洞察和领悟。
智慧
预见
真理
哲学一词，希腊语是Philosophia。
由代表“爱和追求”的philos和代表“智慧”的sophia两个词组成。
philos
+
sophia
=
Philosophia
因此，哲学也可以解释为“爱智慧”。
智慧
人们对于真理的探索，是一项理所当然的义务。
真
理
如果不能领悟真理，就无法拥有正确的思想和行为。
要是懂得真理，就不会成这副样子。
道德上的善行，也是一种义务。
热爱和追求真理，就是道德上的善行。
因此，追求真理，热爱智慧，就是义务。
真
理

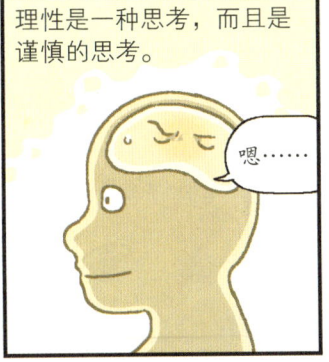

所有的动物,从一出生就具备自我保护的本能。

再过来我就要动手了。

哼

动物都懂得趋利避害,

是陷阱吗?

这些就是本能,吃饭、睡觉、繁衍后代都属于这种本能。

人类也有着相同的本能。

哇!

不过,人与动物有着很大的区别。

与完全靠本能活着的动物不同,人除本能外,还具有理性。

所以,很久以前,追求智慧、探索知识,就成了具有理性的人类的特权。

可以说,理性是与动物本能相反的一种特性。

我这次要没命了!

如果人只按照欲望与本能生活,那就跟动物没什么区别了。

完全失去理性了。

呃 啊

理性是一种思考,而且是谨慎的思考。

嗯……

将想法进行比较和逻辑推理,是运用理性的最好方式。

讨论会

第3章　第一个论题:关于知识与正义

55

从这一点来说，数学是一门非常理性的学科。

如果说感觉是一种感性行为的话，

不要啊，帕奇！你不能死！

呜呜

那么，比较、预测、判断就是理性行为。

所以，理性和感性有时是正好相反的。

感性 ⇄ 理性

人类通过理性，运用对过去的各种记忆，为未来做准备。

去年梅雨期，这个地区遭受了严重灾害，所以今年要认真对待！

这种行为就叫预见。

嗯嗯 啊出现~

不是那种预知……

而知识这种德性，使理性带来了很多好处。

智慧 预见

理性是自然赋予人类的本性，因此而使人们互相接近，共同生活结合在一起的。

与仅靠本能结合的动物世界不同，

人类社会是通过理性来实现的。

理性

理性告诉我们，个人的幸福是与他人的幸福密切联系在一起的。

嘟！

理性

56　西塞罗的论义务

理性可以让人产生关怀和责任感，去关注别人的幸福与感受， ——晚上会打扰邻居，还是不弹了。	因为他人的幸福就是我的幸福。	就如同在爱与关怀的基础上，共同过上舒适健康的生活，
为他人的幸福做贡献，让整个人生更加美好，这是一种大善。	而为实现这种大善所做的努力，是合乎理性的美德。 ——既然是美德，当然要这样做。	所谓义务，其实就是为人的本分。 （义务 义务 义务）
而最重要的理性活动，就是对真理的探求。 （真理）	当我们的精神感到自由时，就会想要学习点什么。 ——暑假的时候我们去学打网球吧？ ——我做点儿什么呢？	从简单的好奇，到探索专业知识，对于幸福生活来说，知识的作用是至关重要的。 （知识之山）
很久以前，对真理的渴望就被看作是人类最珍贵、也是最伟大的美德。 ——不知到什么时候，我才能领悟真理。	通过学习知识来理解真理，会让人变得更加成熟，给人带来更大的发展。 （真理之门）	孔子也曾经说过这样的话。 ——学而时习之，不亦说乎？

第3章　第一个论题：关于知识与正义

人无论说话、思考，还是行动，知识都是重要的工具。
人是通过感觉的体验和已获取的知识，来享有精神世界的。
进而用理性去维持思想和行为的秩序，以及美好的世界。
对于实现这样的生活，欲望或冲动都会成为障碍。
欲望
欲望
所以，必须对那些会让我们做出违背理性行为的欲望和冲动加以小心。
懂得控制欲望和冲动的人，
哼！
才是真正的绅士。
欲望
欲望
控制自己的冲动与欲望，是一件非常美好而且值得称誉的事情。
对于道德上的善行来说，控制欲望和冲动也属于一种义务。
欲望
欲望
另外，知识还包含了对事物本质的探索。
一定要揭开真相！
??
我们常常把能够认识事物本质的人称为有知识的人。
脑袋里装满了智慧。
对任何事物，都要正确认识，并掌握正确的知识。因为越接近本质，发现的就会越多。
果然和书里写的一样！
为了实现道德的高尚性，以及荣誉和幸福的生活，应该努力学习知识。
像这样理所当然要做的事，一般都属于义务。
一个人如果不去做该做的事，显然是要么很虚弱，要么很懒惰。
呼呼~

现在让我们来谈一谈
正义这种美德吧。
爸爸最棒！
太帅了！
哇
！
首先要提出
一个问题。
唰
什么是正义？
这个问题好像
很难回答。
是吗？
无论怎样，正义都是人类社会中最重要的一种美德。
大家应该经常听到“正义的
社会”这种说法。
嗯……
好像是。
为了实现正义
的社会……
报纸和电视
里好像经常
这么说！
是啊。
没错！
那么，“不正义”
又是指什么呢？
这个嘛……
你是否会对某些事感到
不公平？
什么？差别
太大了吧……
认为自己不幸的最大原因，就是
觉得不公平。
我到底
做错了
什么？！
这太不
公平了！
不公平，肯定是不正义的。
砰
咱们做的都是
一样的工作！
这太过分了！
砰

按照西塞罗的说法，“正义”就是不做不当行为，不伤害别人，
老师，他总是欺负别的同学。
你这小子！
公共设施大家共同维护，
哼！没有公德。
个人财产应该受到保护。
也就是说，不能贪图或者掠夺别人的财产，
被我抓个正着。
公共设施不能为个人独占。
他怎么能睡在这里呢？
很简单吧！
用简单的语言回答困难的问题，是一种能力啊……
不管个人之间，还是国家之间，如果能保持正义，社会肯定会更加和谐。
如果所有的人都掠夺他人的财产，情况会怎么样呢？
或者，如果把公共设施都据为己有，情况又会怎样呢？
我们的生活可能每天都会充斥着争吵和战争。
那将是一片混乱！
现在大家能够理解正义是一种多么重要的美德了吧。
如果没有了正义，这个世界可能就不存在了。
点头
为什么说义务的条件、法律的目标和目的都是正义呢？因为法律必须是公正的。
法律

如果一个人独自生活在无人的岛上，当然既不需要法律，也不需要正义，
但是，人是不能独自生存的，总要与他人共同生活在一起。
哇啦
哇啦
人不能只为自己活着，
天上天下唯我独尊
啧，啧。
而应该遵循自然秩序，与家人共同生活在一起。
还应该为朋友，为国家以及整个人类的幸福做出努力。
人生来就应该相互帮助、相互扶持，共同生活。
正如斯多葛学派所认为，人类是为了人类而生的。
汉字中“人”字的结构，也说明了人与人之间应该相互扶持的道理。
人
从“人”字结构可以看出，人与人之间要相互依存、相互支撑。
我们要一辈子互相扶持着生活下去！
亲爱的！
人们会为了自身的利益，发挥各自的才能与本领。
苹果派烤好了！
同时也有义务为别人的幸福做出贡献。只有这样，大家才能共同幸福。
好香啊！
你的手艺真是不错。

以大善为目标，建立所有人都能得到幸福生活的秩序，这就是正义。

所有人都按顺序来！

所以，正义是一种符合公平分配原则的美德。

所谓正义的社会，就是能够公平分配机会与财富的社会吧？

消除所有不平等，公平对待每个人。

要想实现这种正义，首先需要的是什么呢？

是不是人与人之间的信任？

没错！就是信任！

因为我提前预习了！

我们需要的就是信任，也可以说是信用。

哈哈哈

真受不了。

如果人们彼此之间没有信任，约定就会失去意义。

打死我也不会相信你说的话了。

如果相互之间不信任，还有什么好约定的呢？就算约定了又有什么用呢？

下次我一定请你吃饭。

这话说过N次了！

国家之间如果没有信任，任何条约都只是一纸空文。

到此为止。

哼

我也这么想！

所以，对于人类来说，彼此之间的信任，是最基本也是最重要的。

信任

那么，正义的反义词是什么呢？

这个问题嘛……我就不知道了……

当然就是"不义"了。

偷笑

要想理解某个词，可以先去理解它的反义词。

快↔慢
多↔少
大↔小
重↔轻
热↔冷
……

也就是说，要想知道正义是什么，最简单的方法，就是先了解不义的含义。

正义 ↔ 不义

西塞罗的论义务

不义包括两种类型。

一个是做出不义的行为，

另一个则是对于不义行为不极力对抗，这同样也是不义。

如果反抗一定会被打得更惨！

并不是只有行不义之事才是不义。

容忍不义的行为，也是一种不义。

同样，不是只有作恶才是犯罪，

杀杀！

呃啊！

可以行善，但没有去做，也是一种犯罪。

呃，才刚刚坐下……装作没看见算了。

在生活中，追求必要的需求和快乐，并不是坏事。

有了这些钱，可以买很多点心。

太好了！

但是，出于对权力或金钱的欲望而去追求财产，很容易陷入不义。

哈哈哈！

恶魔

为了不义的目的去聚敛财产，也属于不义行为。

一点小意思……以后就拜托你了。

通过不义的方法聚敛财产，当然也是不义。

最近手头有点儿紧，快交出……

因此，应该为了正义的目的，通过正义的方法获得财富。

认真工作换来的财富，要比在路边捡到金块更加正义。

第3章　第一个论题：关于知识与正义

63

凭借自己的努力取得成绩却得不到认可,

我那么努力,还是落选了。

只有痛苦的失败。

而让某些个人独占所有的机会和权力,这样能叫正义吗?

当然不能!

正是因为这个原因,我们才会说民主国家要比独裁国家更正义。

正义!

西塞罗认为,凯撒利用掌握的军队篡夺了罗马的最高权力,践踏了神明与人类的法律。

无论是谁,只要是独裁者,就绝对不是正义的统治者。

哼——哼

获取所有权力的独裁欲望,每个人都可能会有。

哇啦 哇啦

在权力面前,父子反目成仇。

松手,儿子!

不行,老爸!

因此,就需要正义的法律和制度,来遏制这种欲望的产生。

住手!

而法律和制度的发展,也是促进民主社会发展的动力。

从这一点来说,人类历史就是一个持续向正义社会发展的过程,

民主社会无疑是向正义社会迈进了一步。

64　西塞罗的论义务

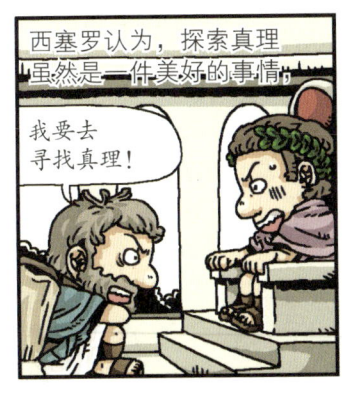

在不义中，有一些是一时的，或者偶发的不义行为。

好像没人看见，偷吃一口？

相反，有一些是在精心谋划下发生的不义行为。

绊倒……

显然，有企图有计划的不义行为，要比偶发或一时的不义行为更恶劣。

不去履行正义所要求的义务，也是不义吧？

正义的反义词不就是不义吗？

也就是说，放弃履行义务或者玩忽职守，就相当于不义行为。

烦死了，明天再干吧。

如果因为怕被敌视，或是懒惰、冷漠而不去履行义务，就与直接做出不义行为没有什么区别。

今天的事情就应该今天做，不能拖到明天！

对共同生活的人漠不关心，或者对不幸的人不给予帮助，

我的猫咪到底跑到哪儿去了？

猫咪呀……

那又怎样？

也应该看作是不具备正义的美德。

不义！

西塞罗认为，探索真理虽然是一件美好的事情，

我要去寻找真理！

但如果把全部精力都放在这一件事上，而不考虑家人和社会，就不是一种正义的做法。

别忘了回来分享你的收获啊……

担任公职，是一件很正义的事，如果自发地去承担，就更好了。

以后再去旅行吧！

第3章　第一个论题：关于知识与正义　　65

智慧或知识虽然是一种美德，但只有与正义结合在一起，才能得到完美的实现。

西塞罗认为，有两种行为是正义的基础。

第一是不伤害、不妨碍别人。

哈哈哈

那样是不对的。

第二是服从公共利益。

即使没有伤害或妨碍到别人，

安静...

如果没有为公益做出贡献，也不能说是完全正义。

帮帮忙也不肯，就只是在那里坐着。

同样，这一原理也可以应用到知识中。

一个人即使知道世上所有的事，却不与人分享，又有何意义？

我学识渊博。

我无所不知。

知识只有被人们正确地使用，才能转化成力量。

"知识就是力量"这句话就是这个意思！

啧啧

66　西塞罗的论义务

为了让自己的欲望正当化而故意曲解法律，这当然是一种不义行为。

有什么不满就去告我啊！

他把法律改得只对自己有利……

不管是为了扩大自己的权力，还是为了谋求自身的利益，故意曲解法律都是不义行为。

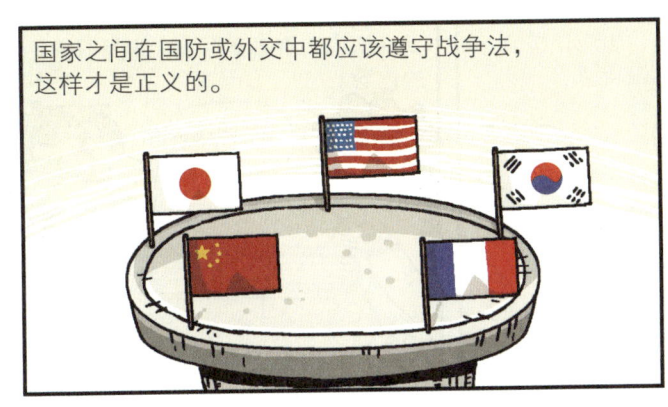

哈哈哈！

这种事情在掌权者身上很常见。

鄙视

有人在背后说我坏话……

西塞罗认为报复和刑罚要有一定的限度。

报复 刑罚

对待那些做了不义之事的人，也应该遵守正义的原则。

对遭受的不义进行报复与正当的处罚是两件不同的事。

即使是不义的行为，也要按照法律进行公正的处罚，而不能根据个人的情感进行报复。

我要报仇！

不要那样！

国家之间在国防或外交中都应该遵守战争法，这样才是正义的。

国家之间解决问题的方式一般有两种。

协商，

或者使用武力。

西塞罗认为，协商是人类常用的方法，而武力解决是野兽采用的方法，所以协商的方式更好。

让我们来协商吧。

也就是说，使用武力是最后的、不可避免时采用的一种手段。

我没法再跟那些家伙谈下去了，开战吧！

第3章　第一个论题：关于知识与正义

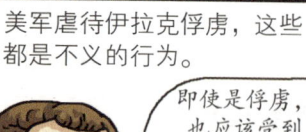

即使在战争中，也绝对不能伤及无辜的百姓。	现在，禁止使用核武器或者生化武器等大规模杀伤性武器，也是出于正义的要求。 轰 隆	纳粹屠杀犹太人，进行种族清除； 犹太人都是有罪的。
美军虐待伊拉克俘虏，这些都是不义的行为。 即使是俘虏，也应该受到基本的尊重，这是战争的规则。	西塞罗认为，罗马在获得胜利之后，应该优待俘虏，	照顾那些被征服的人们。
在没有正式宣战公告的情况下发动战争，是不义的行为。 连招呼都不打就来打我们，不够意思！ 我乐意，嘿嘿。	即使是战争，也应该按照既定的规则进行。 放马过来吧！ 好吧！	罗马法中有许多至今也令人惊叹的内容。 闪闪发光 罗马法
虽然战争不可避免，但是应该进行正义的战争，遵从正义的法律采取行动，这是罗马人的骄傲！	在战争中，与敌人的约定， 也应以信任为基础并遵守。	因为正义是以信任为基础的。 一言为定！

西塞罗的论义务

正义，与善行或帮助别人有着非常紧密的联系。
因为各种善行与帮助别人，都是最符合人类本性的行为。
但是，在这些善行和助人的行为中，有几点要注意。
什么？反正是好事，只要去做不就行了？
好好听着！
第一，必须注意不能对接受者造成伤害或妨碍。
墨水！
哗啦
第二，要在自己能力所及的范围内去帮助别人。
帮了他……我就连回家的路费都没有了。
太感谢了！
第三，给予每个人各自应得的帮助。
你为什么总是对他那么好？
你家又不缺吃的东西！
总之，不能出于虚荣之心或是为了炫耀自己而去帮助别人，
给你，还不快谢我！
不能让帮助变成对对方的伤害。
我来帮你吧！
不要！你只会越帮越乱。
因为，正义的义务必须要怀着正直、诚实、智慧之心去履行。
正直
诚实
智慧
出于获取美名的欲望而去帮助别人，
多做好事，大家就会对我留下好印象，这样的话，就会有更多的人支持我了。
或者超出自己的实际能力，这些都不是履行义务的最恰当方式。
反而应该反对这种做法。
我们都在饿肚子，你还把吃的都给了别人，我们怎么办？
可是……

西塞罗的论义务

大家都知道，人们彼此亲密地生活在一起构成人类社会，
而懂得恰当地相互表达谢意和回报，才是最和谐的。
相互信任，相互帮助，
彼此心存感激，
只有这样，才能形成一个和谐的社会。
人类社会就是为了满足人们彼此之间最大限度地协作互利才产生的。
为了实现这一目的而遵从公共利益来生活，也是非常重要的义务。
嗨哟
嗨哟
无论对家人或亲戚，对民族或国家，以及整个人类，都该履行这种义务。
哇啦
哇啦
所以，国家的紧密团结是最珍贵的。
共和国
人类的义务首先应该针对父母和国家来履行。
国家
因为我们从父母和国家那里得到了最大的恩惠。
从一出生，就得到了很多。
还应该真心对待朋友。
由于所处的环境不同，每个人所承担义务的多少和轻重也有所不同。
但是履行正义义务的本质是一样的，不是吗？

第4章 关于勇敢和克制

现在让我们来学习勇敢与克制。

关于克制，西塞罗并没有直接做出论述，

这个……
那么……
应该是这样的……

脸红

他主要阐述了关于勇敢的内容。

我要登场了！

简单地说，勇敢是一种坚持正确行为的不屈精神。

嗨！
贪
污
腐
败

克制，是指在履行义务的过程中能够克制欲望与冲动，并能克服恐惧与苦难。

来玩吧！
来玩吧！

西塞罗的论义务

坚忍与温柔的特性，也是克制。

要想拥有坚忍与温柔之心，需要十足的耐力。

听说过"外柔内刚"这个词吗？

外国旅游？大叔你要出国旅游吗？好羡慕啊！

外柔内刚！

就是说，内心具有勇敢、不屈服的精神，

我是不会向困难低头的！

外表则温柔平静，具有克制的特性。

好强的耐力呀……

这些美德都是高尚的，是履行义务的必备要素。

勇敢

克制

如果只有克制，没有勇敢会怎么样呢？

装作没看见……

相反，如果勇敢十足，却没有克制，情况又会怎样呢？

从这里跳下来，我肯定能毫发无伤！

喂！

克制和勇敢是必须结合在一起的美德。

勇敢与克制，温柔与坚忍，结合在一起才完美。

勇敢　　克制

没有克制的勇敢是一种愤怒，相反，没有勇敢的克制则是一种放弃。

现在完了……

如果一味地忍耐、节制，就是缺乏勇敢，

要是说他们太吵了他们会不会生气……

嘿嘿嘿～

而没有节制的勇敢，更像是胡闹和瞎折腾！

第4章　关于勇敢和克制

出于伟大精神的勇敢，是很容易理解的。

想想那些为了正义，而不顾个人利益，有时甚至还要付出生命的人吧。

我愿意献出我自己！

人们通常把这样的人叫作伟人。

在各国的历史上都有这样的伟人。

他们在那些苦难的时代，

为了国家的正义和公共利益，做出勇敢的行为。

不管来犯者多么强大，

绝对无法打败我们！

而为了个人的利益和欲望而争斗，则不是真正的勇敢！

就是因为那些家伙，我的财产都没了。

我一定不会放过你们！

西塞罗认为，遵从斯多葛学派的理论，正义是维护公平的一种美德。

就是不能向任何一方倾斜！

没有正义的国家绝对不是高尚的国家。

国家

74　西塞罗的论义务

第4章　关于勇敢和克制

与行不义的人相比，可以说，拒绝不义的人才是更勇敢的人。
看到有人作恶我就不能忍受。
刺刺
拿强盗和警察来做个比较。
盗贼是为了满足自己的贪欲而豁出性命，
警察则是为了维护正义而献出生命。
不过，还有一种人是真正伟大而勇敢的人。
嗯？
不是我吗？
一般人野心越大，对名誉的欲望会越强，
我想成为伟大的人……
就一定要成为国王，对不对？
也就越容易被做不义行为的冲动所俘获。
有贼！
拒绝这样的野心，
砰
野心
按照自然的法则，履行道德高尚的义务，这样的人才是真正伟大而勇敢的人。
嘿嘿！
做得好！
自然法则
而拥有真正伟大而勇敢心灵的人，他们的想法会与普通人有所不同。
他们把道德的高尚视为唯一的追求，除遵从自然法则与人类本性以外，
呃
呃
自然法则
人类本性
他们认为许多人视为美好的钱财等东西都没有真正的价值。
如果有比这更有价值的，站出来让我看看。

他们没有欲望和野心，一心想要追求真正的荣誉。 哼！	所以，无论别人的阿谀还是钱财，都会遭到他们的拒绝。 我是不会接受钱财这种东西的。	他们也不会屈服于外界的诱惑或胁迫。 没有一点用！
就算是面临苦难与危险， 再坚持一下就到山顶了……	他们依然会毫无畏惧地追求人生的真理。 万岁！终于登顶了！	
我们通常把那些一心追求利益和欲望的人叫作小人。 不管别人怎么说，只要自己过得好就行。 嘿嘿嘿	这种小人最害怕真正的勇敢， 自己的事情还忙不过来，哪儿有空帮别人。	因为那样会给自己带来伤害。 我要是为了救他死了，该由谁来负责呢？
真正的勇敢是一种超凡脱俗，是正直坚强的精神。 这就是伟人和小人的区别。 什么嘛？！ 小人	也就是说，小人会为了小利斤斤计较， 把橡皮借我用一下吧。 不行！	伟大而勇敢的人会为了正义全力以赴。

第4章　关于勇敢和克制

只要不向恐惧屈服，就算是勇敢吗？
来，来呀！
??
当然不是！就算不向恐惧屈服，如果陷入贪婪与享乐中，也不是真正的勇敢。
一片
狼藉
地痞流氓的蛮横嚣张，也不能说是真正的勇敢。
这个世界上，没有什么会让我们感到害怕！
是，老大！
对于金钱和财产的欲望，必须要时刻小心。
不要因为钱财而不择手段。
生活
我一定要再多挣一些。
西塞罗认为，
我终于发财了！
如果有很多钱，应该慷慨地去帮助那些生活艰苦的人。
钱不多，请收下吧。
非常感谢！
只有履行义务，才是真正的勇敢。
克制欲望和诱惑，按照正义的原则去生活，虽然会非常辛苦，
克制，忍耐。
但这样的生活，才是勇敢的人生。

真正的勇敢要具备坚忍、节制，还有温柔。

摆脱悲伤、痛苦、愤怒等心灵上的冲动，

才能拥有美好品德和十足的勇敢。

原来勇敢中包含这么多东西。

是啊。

失败而不颓丧，成功而不骄傲，这就是勇敢的人履行义务的态度。

具有十足的勇敢，懂得履行义务的人，不会一味愤世嫉俗。

他们既不懒惰，也不懈怠。

该学习了。

那么，是不是只有伟人才能具备勇敢这种美德呢？

当然不是。

我们普通人也可以那样生活。

只不过在伟人身上，这些特点会表现得更加突出。

祖国万岁！

安静！

很多人在日常生活中都会遵循勇敢的美德来履行义务。

勇敢

遵守公民应该遵守的法律和秩序，

第4章　关于勇敢和克制　　79

按照原则与规则履行自己职务的人，

也是真正勇敢的人。

每个人都有可能受到欲望的诱惑。

好想吃……

在战争中，反对战争、维护和平的人要比战胜者更有勇气。

因为和平显然比战争更可贵。

与通过战争获胜相比，

凭借言辞说服对方，是更有勇气的行为。

前面曾经说过，作恶是一种不义，

嘿嘿嘿……

而拒绝阻止恶行，也属于一种不义。

帮帮我！

这事儿跟我无关。

有时候，为了阻止不义的行为，最后不得不采取战争这种手段，

再也守不住了！

如果不用发动战争就阻止不义行为，不是更好吗？

再考虑一下吧。

所以有这样的说法，"笔比刀剑更有力"。

胜利！

西塞罗的论义务

我们不是说过，勇敢是一种不屈的精神吗？

我不害怕！

道德高尚不是依靠身体的力量，而是依靠精神上的力量来实现的。

做鬼脸

克制……

做鬼脸

如果有人打了你的脸，立刻还击就是勇敢的行为吗？

哎呀！

还是把另一边脸凑过去，才是勇敢的行为？

来啊，再打这边……

大部分人会认为，把另一边脸凑过去是更勇敢的行为。因为那样做会更困难。

如果是你，会那样做吗？

为什么还要挨打？

身体的力量能够取得斗争的胜利，

这一方获胜！

精神的力量除了可以克制自己，还能用温柔之心宽恕别人。

你表现得很棒。希望下次我能获胜！

太厉害了！如果是我，可能会很生气，压不住怒火。

现在你明白了吧？宽恕比报复需要更大的勇气。

因此，与通过战争征服对方相比，

哇！

哇！

运用高尚的品德说服对方，需要更大的勇气。

我一直认为战争是最好的解决方式，我错了。

不要这样。

通过这次机会让你醒悟、明白了就好。

第4章　关于勇敢和克制　　81

正确的义务，是以实现人类的真正价值为目标。
因此，并不是只有军人才能保卫国家。
按照正确的、真正的精神去履行义务的公民，也可以成为保卫国家的人。
还有其他保镖吗？
国家
一个国家的力量并不是只靠武力。
就是说，不仅仅是军事力量。
相反，真正的力量应该来自道德精神。
国 家
因为无论个人、组织，还是国家，道德腐败就意味着灭亡。
这是历史告诉我们的沉痛教训。
盲目地使用武力，是一种动物行为。
猪！
在占领城市时，绝对不能盲目和残忍。
退出去！
哼！
即使在混乱无序中，也必须惩罚罪人，保护大多数人。
咣！
正直、名誉地保护财产，是拥有正确勇气者的义务。
努力工作，获得报酬，是非常有意义的事！
勇敢这种美德应该在正义的前提下实现。
如果不能保持公正，任何事情都不可能是正义的。
你想成为有钱人，应该好好工作才对！
唉！

有些人为了国家，可以献出财富，甚至牺牲生命。
哇 啊 啊 啊
为了国家，死也在所不惜！
对！
可是在荣誉方面却不允许有任何瑕疵，
听说那个人是有名的暴徒！
愤怒
什么？暴徒？
即使是为了国家利益，也绝不放弃原则。
嗯，嗯……
啪
自相矛盾！
柏拉图认为，担任国家公职的政治家或公务员，
都应该摆脱私欲，在关注公民利益和福利的同时，
有困难请随时来找我。
还应该把利益平均分配给全体国民。
这样说对吗？
如果国家的决策只对部分阶层有利，就是不正义的。
哎呀——我们都快要饿死了。
不正义的行为绝对不能称为勇敢的行为。
你们已经没用了。
国家

西塞罗所生活的古罗马时代，因不断内战而呈现骚乱和紧张的状态。
哇
连一天安宁日子也过不了。
在那个时代，追逐财富与权力的人们，相互间不断爆发战斗与纷争。
正是出于这个原因，人们热切地期盼主持正义的领导者诞生。
不能再这样继续下去了！每天争来打去，罗马很快就要灭亡了。
共和国的领导者，为了守卫国家，要做好献出生命的准备。
这是最基本的！
除此以外，
嗯？还有什么？
为了维护正义与荣誉，还要做好承受任何伤害的准备。
当个统治者真不容易呀……
嗯
因此，《论义务》就成了想成为领导者的人必须认真阅读的书籍。
给！希望读完这本书，能对你有所帮助。
好！
当然，《论义务》也是对所有公民的要求。
我的责任是不是很重大？
个人无论是心地温和还是慷慨，
温和
慷慨
为了国家和组织的纪律与秩序，必须要公正无私，严格执法。
啊？连我也要这样？
因为公私必须要严格分明。
同样，处罚的时候也绝对不能夹杂任何个人情绪。
哼，气死我了！
克制。

也就是说，不能为了满足个人的利益出气解恨，而应该以提高国民福利为目的付诸行动。
好吧，公是公，私是私，克制……
呃
在罪与罚之间，罚应该比罪更重，对不对？
罪
罚
嗵
对于相同的罪，如果有的人受到惩罚，有的人却什么事都没有，当然是不公平的。
你，无罪释放！
你，入狱两年！
而且，在实施处罚时，绝对不能动怒。
你……你这恶棍！
因为那样容易有失公允。
呃啊
死刑！绝对是死刑！
我只是偷了个苹果而已？
对于公事，必须按照公平的原则处理。
法官先生！
那片苹果园是我家的，你的胆子也太大了！
你还种苹果？
在那样一个追逐财富与权力，人们互相争斗的混乱时代，
西塞罗一直期待出现为国家和国民的平安去奋斗的勇敢的人。
什么时候才能出现真正的领导者呢？
或许，他自己就想成为那样的人。
被……被发现了？
心跳！
西塞罗一直在对抗独裁者，并努力维护共和国的理念。
出——击
知识和正义，勇敢和克制，这些高尚的品德，正是西塞罗所期待的领导者应具备的美德。
知识
勇敢
正义
克制
实现美德与利益的义务精神，就是他所期望的共和国真正公民的理想。

第5章 关于合适性

现在，我们要来学习一下关于decorum（合适）的问题。

d……什么？

decorum，很生僻的词吧？因为很难准确地翻译，所以我们就直接使用拉丁语。

Decorum和Honestum，都是《论义务》中的重要词语。

合适(decorum)　高尚性(Honestum)

Honestum？

Honestum也是拉丁语，指的是道德的高尚性。

它的原意是"善良"或者"高尚的品德"。

Decorum被西塞罗翻译成希腊语，就是prepon。

意思是"恰当""适当"，相当于英文中的proper。

同志！

Decorum　PrePon

西塞罗的论义务

也就是说，合适是指在任何情况下，都能保持最恰当的言谈、容貌或者行为等。

嗯嗯……

我还是不太明白……能翻译成我听得懂的语言吗？

一时还真找不到特别准确的表达。

或者……可以说是在感情或表达，言谈或话语，意识或行动中，最恰当的状态。

嗯！

呵呵，还真是不太好解释……

呃啊！ 啪嗒

只要把它理解为，在任何情况下都能达到的最真实、最值得称道、最恰当、最合适的言谈举止就可以了。

要不……举个例子也行。

哦，好的！

我们就以对财产的合适为例。可以有三种情况。

第一，积累财产时，不能通过卑劣的方法获得。

嘿嘿嘿。

小偷！

第二，管理财产时，应该通过智慧、勤勉，以及节约的精神使之增加。

哗啦哗啦

存钱罐！

第三，尽可能把财产用到更多人身上。

这三点都是高尚的行为。

明白了吗？要想做到合适，必须是高尚的。

如果不是高尚的，任何行为都不可能是合适的。

咚！

不行！

第5章 关于合适性

高尚是合适的第一个条件。

1号！

只有高尚的，才能被认定为是合适的。

欢迎——

慎重的行为要比冒失和粗疏的行为更加合适。

这两个哪个更好呢？

随便买好了！

平静、自制、节制，要比愤怒、发疯更合适。

呃啊啊！

噔噔噔

但是，直观的感觉要比这样阐述更容易理解。

Feeling

呼——

很多事用语言阐述较难，但可以观察、感觉。

快乐和悲伤能用语言进行说明吗？

嗯……

我们再结合高尚的四种德性来思考一下合适这一问题。

知识 正义 勇敢 克制

公平、正直地执行公务，要比偏袒、失当更加合适。

多吃一点。

诚实的孩子要比撒谎的孩子更合适。

今天成绩单出来了吗？

没……

在考试中偷看别人考卷的行为，当然是不合适的。

闪——出

嘲笑朋友的缺点，也不合适。

听说他昨天夜里在被子上"画地图"了。

是吗？

现在你大概了解合适的含义了吧？

是的！

88　西塞罗的论义务

在电影中，主角应该演得真实到位，才会让人觉得合适。

男主角好帅啊！

不对，后面的那个是主角。

他哪一点儿像主角呀？

这个嘛，只能问导演。

戏剧或小说中出现的人物，也应根据剧情的需要，描写得合适。

骑士要有骑士样子！

公主要有公主样子！

人的身体，各部位巧妙地组合在一起，才能表现出均衡的美感。

同样，在生活中，只有思想和语言、行为与秩序结合在一起，才能变得合适，对吗？

言行一致

我们家的家训就是：言行一致。

而且，在做出合适行为时，也可能从同事等周围人那里获得更多认同和支持。

正义者不会伤害到别人，

我来帮你拿东西吧？

谢谢你，超人！

谦逊者则不会伤害别人的感情，也不会让别人感觉受到侮辱。

这个玩具真的是你自己做的？太厉害了！

没什么啦，嘻嘻。

也就是说，谦逊的行为要比傲慢的行为更加合适。

获胜！

谦逊   傲慢

按照自然赋予我们的品德，根据理性加以判断，

嗯嗯……

正义、勇敢、节制的行为，是人类的精神义务。

勇敢
正义   节制

而能够履行好义务，就是合适的行为。

坚持……

义务

第5章　关于合适性

89

人类具有双重本性，一个是欲望，另一个是理性。
理性
欲望
通过理性，很好地去控制欲望，
一定要好好做。
是！
理性
欲望
避免出现盲目、随意的行为，只要按照高尚性做事，就是合适的。
来玩吧~
不行！不要跟它去！
欲望
理性
合适的生活，就是按照人类的本性去履行人类的义务。
默默地
理性
欲望
如果欲望脱离了理性的控制，超越了限度，就会变成过度行为。
欲望
理性
呃啊！
这样，被欲望俘获的精神就会陷入混乱。同时，肉体也会陷入巨大的痛苦中。
都怪我！
难过
理性
过度悲伤、愤怒或者快乐等，都会让肉体承受折磨。
因此，欲望必须要接受理性的统治，不能过度。
走开！
理性
欲望
欲望必须服从于理性，这就是自然给我们的训诫。
不要再这样了！
嗯。
理性
欲望
所以，遵循自然的法则，就是高尚的。
另外，合适的同时还能获得利益。
理性
欲望
自然法
也就是说，服从自然法是义务的基本原理。
自然法

自然把我们带到这个世界上,不是让我们在享乐中虚度光阴。

玩吧,玩吧,趁着年轻赶快玩。

不是那样的!

人应该把精力放到有价值的事情上。

应该为他人的幸福与福利去生活。

当然,对于孩子来说,是允许他们玩乐的,

但是必须要与高尚性结合起来,这就是西塞罗的想法。

玩的时候要注意不能妨碍到周围的人。

大叔,您是不是有点太严格啦?

是啊!唠唠叨叨地烦死了。

唉……

有时会因为一句低俗的戏言引发矛盾,发生一些粗鲁、可鄙的行为,

你这个香肠嘴!

哈哈哈

相反,生活中也存在优雅、简洁、知性、明快的语言。

一些俗语或名言警句中,就蕴含着很多智慧。

心急吃不了热豆腐

人多力量大

显然,后者要比前者更有格调,也更有素养,这就是合适的。

不要嘲笑我!

与那些幼稚的玩笑或粗俗的语言相比,简练而充满智慧的话语更符合义务的要求。

以后别再那样说话了。

知道了。

呜呜

第5章　关于合适性

动物是按照本能的冲动生存，
啊——呜
人类则受到理性的引导，具有崇高伟大的精神。
理性
这是自然对人类的特别馈赠。
因此，人不能像动物那样，只按照生理的欲望或冲动去生活。
想吃的时候吃，想玩的时候玩。
只要是人，就应该努力磨练自己，以便提升高贵而优秀的精神。
一百万零二十一。
咚
一百万零二十二。
咚
咚
一百万零二十三。
咚
一百万……
如果丧失人伦，只按照肉体的快乐和自私的冲动去生活，那么与动物还有什么区别？
朋友！
啊！
按照理性的指引，做各种有益的善行，才是人应该履行的义务。
是！
这种义务就是高尚的，也是合适的。
大家都知道，锻炼身体，拥有健康，生活节俭质朴，
要比被欲望束缚，虚度光阴好得多。
早上早早起床，养成锻炼身体的习惯，或者阅读一本好书，
要比终日沉迷于游戏，或者喝酒打架、跳舞作乐更加合适。
高尚的与合适的生活都属于人的义务，现在大家都理解了吧？

自然赋予人类两种角色。
人类的角色报告
从一般意义上来说，人在拥有理性这一点上要比动物优越。
胜利！
高尚来自于理性，宣讲着人类的职责和义务。
高尚
职责
义务
理性
而从个体角度来看，每个人都有不同的才能和品德。
也就是个性！
咚
老爸个性真是太……
因为个性的不同，即使都是按照高尚性原则行动，其行为表现也会因人而异。
就像这样，相同的材料可以做出不同的东西。
每个人的“合适表现”也会不同。
在语言、动作及行为上，合适的样子都是不一样的。
天生的美貌或者恰当的言谈，以及衣着打扮等，都会表现出合适性。
那么，前面提到的高尚与合适的区别是什么呢？
如果说，高尚是可以应用到所有人身上的普遍概念，
那么，合适就是可以进行个别应用的概念。
现在明白高尚与合适的区别了吧？
是的！
合适
高尚

我们常通过外貌或者印象去猜测一个人的人品，

因此，给别人的印象是非常重要的。

严肃

一看就不像好人……

当容貌与高尚品德和谐时，就会表现出合适性。

太沉了吧？我帮你拿。

他是个好人，以前对他的坏看法是误会了。

不要忘记，任何时候都要在高尚性的基础上理解合适。

是的。

如果没有高尚，也就不可能有合适。

就像我身上黑色的部分一样，是不可缺少的，哪儿有全身雪白的熊猫呀？

西塞罗告诉人们，要遵从自然赋予我们的人伦，

不去看或听那些不顺眼或者逆耳的东西，

坐、立、行、走，态度、表情、眼神、手势，所有一切都存在合适性。

从头到脚！

总之，应该避免去做那些违背自然和人类本性的事情。

这样做可以获得更多的认可与支持，让人生变得更有意义。

光明大道

西塞罗的论义务

在古罗马的习俗中，成年的儿子不能与父亲一起洗澡，岳父与女婿不能互相搓澡。
父子俩一起去洗澡吧。
不要！
因为按照自然的本性来说，暴露身体会让人感到羞耻。
怎么能脱光了一起洗澡呢？
脸红
那时，在戏剧表演中即使需要露出肌肤也必须穿着内衣。
这样就看不到了吧？
木乃伊吗？
罗马人认为，优雅、端庄的仪态是很重要的。
因为我的身体很珍贵！
真是太迂腐了。
都什么年代了……太老套了吧。
但是，想想那些训诫……当然应该合适地生活！
如果说温柔、优雅是女性美的话，
那么健壮、端庄就是男性的美。
要想表现合适，男人就不能过于女性化，不要让自己表现得很柔弱，
你又不是女人，别哭了！
当然也不能过于粗鲁和暴力。
嗨！
吵死了！
因此，女人应该优雅，男人应该端庄，这就是合适。
你们觉不觉得很闷？
有一点……

合适，可以说是整个人展现出的对于恰当的感觉或者判断。
如果过度就会陷入危险形式，而恰当就是中庸之道。
中庸！
过少
恰当
过多
合适是一种既不多也不少的状态。
不多不少，正合适……
咕嘟
咕嘟
西塞罗认为，即使时间很紧迫，也不能过于慌乱，这就是合适。
怎么办？
哎呀呀！迟到了！
噔噔
噔噔
不能表现出过于慌张或者神色大变，失去内心平静的样子。
呼
呼
呼
不是有句话叫“越忙越乱”吗？
让我们来思考一下日常生活中的常见对话。
哇啦
哇啦
在开始对话之前，思想要以最有益、最高价值为目标，而欲望则要服从理性。
说话时，要使用恰当的词汇，语速不能太快，要把意思表达清楚，当然态度应该温和。
真是滔滔不绝呀！
在对话过程中，注意不要暴露性格上的缺点，要耐心等待，轮到自己时再说。
不打断对方说话。
话头
要准确把握对话的主题，注意不要脱离大家共同关心的问题或者谈话主题。
嗯？跑题啦！
分享快乐的对话，分手时也要注意礼节。
好了，今天就谈到这儿吧。
这样才是合适的对话。

责备对方时可以严厉，但不能使用侮辱性的语言，应该充满关怀地去说。
那样乱扔球，会砸到别人，下次一定要注意。
哦。
即使是和不喜欢的人对话，保持风度也很重要。
太不雅了……
不能自我夸耀，或者贬损对方。
哎呀，你也太矮了，一不小心差点儿踩到你。
太过分了！
现在大家明白为什么《论义务》是英国绅士的必读书籍了吧？
你我都读《论义务》！
得意
要想成为绅士或淑女，可不是一件容易的事。
因为既要高尚，同时还要合适。
像我们这样！
要经常检讨自己的行为是否得当，是否符合礼仪。
啊！我今天做错什么了吗？
在公共场所大声喧哗或者喝酒跳舞，这些行为都是不好的。
每个人都应该有道德上的羞耻心。
这才符合自然所赋予的人品。
好了，最后让我们做个简单的总结吧。
第一，任何时候欲望都要服从理性。
理性
欲望
第二，无论做什么事，都应该观察准确，既不过度，也不能不足，尽量做到中庸。
不要太多了。
哗
哗
第三，要保持独立的人格、做人的尊严和中庸之道。
不行！
哼
哼
过少
过多
如果能达到这种程度，就说明已经充分理解了合适所包含的义务。
合适的义务
做得很好
检

第6章 关于道德高尚性

通过道德的高尚性，也就是高尚和合适，对义务有了一定的了解。

高尚 (Honestum)

合适 (Decorum)

现在，我们来看看

在道德高尚性中，什么是更重要的。

人在做某种行为时，需要同时考虑道德高尚性的多个因素，应该首先选择哪个呢？

1号路　2号路　3号路　4号路

98　西塞罗的论义务

第6章 关于道德高尚性

人从一出生，就带着要与其他人共同生活的义务。

呜哇

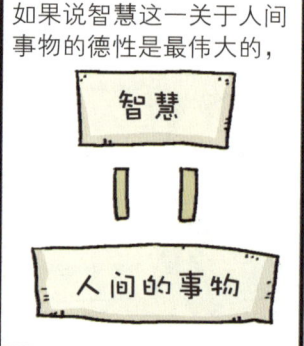

在所有义务中，关于共同体的义务是最重要的。

哇啦 国家 哇啦

每个人都是以家人、亲戚、邻居、学校、朋友、同事，

乃至民族和人类成员的身份在生活，所以都承担着为自己所属共同体应尽的义务。

可以说，与为实现共同体的利益和福利相关的事都属于最重要的义务。

正义

是这样！

在所有的美德中，最高的美德是智慧。

这是希腊语和拉丁语中的"智慧"一词。

希腊语 sophia
智慧
拉丁语 sapientia

西塞罗认为，所谓智慧，是一切关于神界和人间事物的知识。

所谓人间事物的知识，包含了关于人类生活的各种知识。

如果说智慧这一关于人间事物的德性是最伟大的，

智慧
=
人间的事物

那么，由社会生活产生的义务则是最伟大的，共同体的义务就是最重要的义务。

共同体义务

100　西塞罗的论义务

即使是每天看星星的天文学家或可以计算出地球大小的数学家，

当国家处于危难之时，

哗啦啦

出事了！

如果这个人正好具备可以救国家于危难的能力，

什么？国家有危难？

那么，他能拒绝去拯救国家吗？

现在不是研究学术的时候！

快去，只有我们能做到！

如果父母或朋友遇到危险，你会看着不管吗？

怎么可能！当然要出手帮助！

是的，正因如此，追求全人类利益的正义的义务，要比追求知识和智慧的义务得到更高的评价。

还有别的超人吗？我就是超人！

正义，关系着全体公民的福利，

对人类来说，没有什么比全人类的利益更宝贵的了。

因此，正义所产生的义务应该更重要。

第6章　关于道德高尚性

101

当然，把毕生精力投入到学术研究中的学者，对人类也做出了巨大贡献。

我们也出了一份力！

通过伟大科学家的研究和努力，我们才能战胜疾病，

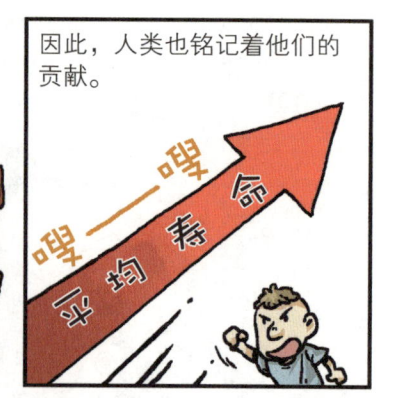

走开！

因此，人类也铭记着他们的贡献。

大家是否听说过一种叫作天花的疾病？

太可怕了，听说连死人都怕得上这种病。

呜呜呜……

那简直是一场可怕的灾难，连刚出生的婴儿也无法逃脱。

求求你，放过我的孩子！

但是，有一个人将人类从天花的灾难中解救了出来。

天花接招！

这个人就是英国医学家詹纳。

想尝尝我的厉害吗？

哼！

詹纳发明了天花疫苗，从而让天花这种可怕的疾病从地球上彻底消失了。

知识的力量真是太伟大了！

只有能给人类带来利益和进步的知识，才是最宝贵的知识。

可以说，这样的知识也是实现正义的原动力。

加油！

膨胀

正义

用于全人类的福利和幸福的知识，才是正义的知识。

正义

102　西塞罗的论义务

学者们在世时会把他们的知识传授给很多人。
就算死后，他们的著作依然会影响后世。
可见，正确的教导与养育是一件多么重要的事。
咚 咚
100年
所以我们常说，教育是百年大计。
最终，教育的目标就是培养出能够忠实履行义务，
加油！
义务
义务
义务
义务
义务
为家人和祖国，以及人类社会的福利和整个自然秩序做出贡献的人。
从这一点来说，能付诸行动的知识要比只停留在脑子里的知识更好。
就算脑子里装满了全世界的知识，又有什么用呢？
难道不是吗？
火辣辣
只有为人类利益而采取行动的知识，才是最有用的知识。
虽然有点可惜，不过……
知识
知识
知识
知识
同只因个人爱好所追求的知识或思考相比，
不管别人懂不懂，反正我懂了。只要我自己有知识就行。
与共同体中全体公民的利益有关的知识，应该获得更高的评价。
到底怎样才能让大家和平共处呢？
我也很聪明呀，为什么那个家伙那么受欢迎？

人类要生存，必须形成社会，共同生活。
每个人都有为了社会利益而努力奉献的义务。
无论是多么伟大的思想或想法，
伟大的思想！
如果不能保护社会的利益，并且违背或者漠视维持社会的道德，那它又有什么用呢？
你要带我们去那么危险的地方？
开玩笑吧？
人的社会性要比蚂蚁或蜜蜂的社会性更强。
听说还有比我们更抱团儿的家伙，到底是谁？
叽叽
好像是叫人的……就是那些生活在地面上的大家伙。
咕咕
而且，人类还获得了“理性”这种令人惊叹的恩惠。
都是因为理性的关系。
看来是很厉害的武器……
不屈的精神，也就是勇敢，也是一样。
健壮
缺乏正义的勇敢，不是真正的勇敢。
不要！
咻
正义
没有人会把为了自己的私欲而拼上性命的人称为勇敢的人。
除非我死了，
我一分钱都不掏！
也没有人会认为那些打架斗殴的流氓是勇敢的人。
人们会将那些心狠手辣的人叫作野蛮人，甚至会叫他们畜生。
所谓不屈的精神，是称赞那些为了公众的利益做出勇敢行为的人。
勇敢

第6章 关于道德高尚性

必须把共同体意识与利己主义区分开。
这种结合绝对不行！
共同体意识
利己主义
嗯？
为什么？为什么要拆散我们？
利己主义
共同体意识
好好听着！
比如，有一个来到我国生活的外国人。
哇哦！第一次踏上这片土地。
但是，如果我们的家人、朋友，因种族不同而排斥这个人的话，
你好，我想去……
我们讨厌外国人！
嗖
这种共同体意识当然是不好的。
我做错了什么？
太丢脸了……
火辣辣
正义的社会必须是公平的，
因此，即使为了自己的国家和民族，也应该按照高尚的义务去做，这才是正确的方法。
所以，这种结合不可以。
共同体意识
利己主义
呃……
对不起，利己主义先生！你找别人吧！
不要走！
噔噔噔
利己主义

在对这些义务进行比较和选择时，是不是按维护人类社会的重要性来确定顺序呢？
快点选！马上要掉了！
呃！
如果我们准确理解了义务的本质，那么，决定先后顺序这个问题就不那么困难了。
好了！决定了！
正义
不过，慎重思考比草率决定更重要。即使是已经知道的事实，在遇到实际情况时，还是应该慎重对待。
正义
为了多数人的利益而做的事是第一位的，不过还应该遵从正义和道德的方法与程序。
走这边！
即使是好的想法，但做事的方法不正义，也会变成坏事。
如果为了帮助穷人而去偷东西，当然是不正确的。
松手！
在不同国家和不同文化中，义务的优先顺序也会有所不同。
在伊斯兰国家，大部分人把对神的义务放在第一位。
而在儒教文化中，占据首位的是对父母的孝道，以及对国家的忠诚……
而且，对于最重要的义务，不同的人有不同的看法。
不过，有一点是明确的，那就是必须是正义的。
没有正义，就没有高尚，这样的目的和手段最终都会对人类造成伤害。
现在我们就结束了对《论义务》原著第一卷的学习。
论义务
第二卷
下面该我出场了。

第7章 第二个论题：什么是有利

前面我们学习的，是从道德高尚性以及各种美德中产生出来的义务。

从现在开始，我们要学习的是何为"有利"，也就是关于生活安乐的问题。

我们还要了解人们为了享受这种有利，会使用哪些方法，以及怎样利用权势和财富。

是存起来好呢？还是投资好呢？

现在我们集中探讨一下，对于人们来说，什么是有利的，什么是不利的。

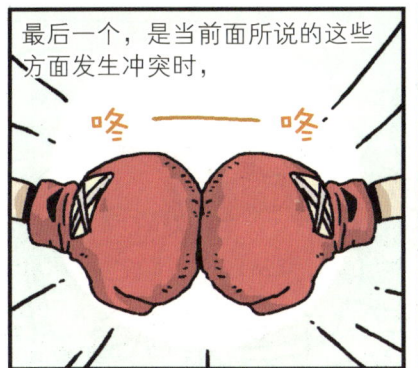

西塞罗提出，在履行义务时，要思考五个方面。

其中两个就是前面学过的代表道德高尚的"高尚"与"合适"。

高尚
合适

另外两项则与"生活的便利"和财富、权势等"生活的能力"有关。

最后一个，是当前面所说的这些方面发生冲突时，

咚——咚

应该怎样进行选择和判断。

砰 砰

怎么办？

我们先来了解生活的便利和生活的能力这两个方面。

生活的便利
生活的能力

这就是通常所说的"有利"。

但是，大家不要因为这样分开进行说明，就认为高尚与有利是完全分离的。

高尚　　有利

如果认为高尚的就不可能是有利的，有利的就不可能是高尚的，这是非常错误的想法。

那么，不高尚就不可能有利吗？

有时候，哲学家们站在纯理论的立场上，

会按照有利的高尚、完全不可能有利的高尚及完全不高尚的有利进行分类，来阐述道德高尚与有利的关系。

这到底是什么意思……

晕

让我们一起来思考这到底是什么意思吧！

第7章　第二个论题：什么是有利

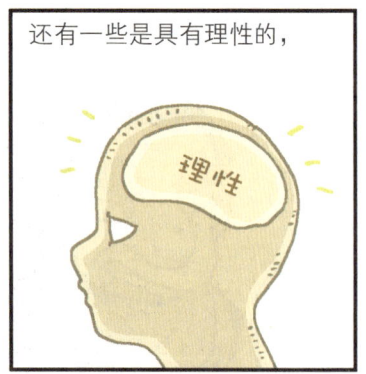

有些人认为，狡诈是一种智慧。

听说是高智商罪犯……

看样子是绝顶聪明的人。

那是非——常——错误的想法！

一个人通过欺诈、蒙骗、盗窃等手段获得想要的东西，是一种正当的行为吗？

当然不是！

只有依靠高尚的想法和正义的行为去实现一件事时，才能有利于自己和他人。

如果目的不高尚，或者方法不正义，最终的结果都不可能是有利的。

在人类生活中，有很多东西都是有利的，而且是必需的。

首先是无生命的物质，比如金、银、石油、煤炭等资源。

其次是有生命的，其中有些是没有理性的，比如牛、马等牲畜。

还有一些是具有理性的，

其中包括神明，还有就是人类。

我跟神是同等的！

而能对人类造成危害的，也可以按照这种形式进行分类。

西塞罗的论义务

无生命的物质，大多是通过劳动获得的。

各种粮食和水果，就是人们通过辛勤的劳作获得的成果。

人类通过劳动和技术，根据各种需求来获取这些东西。

而且，如果没有人类的劳动，也不可能从地下挖掘金、银、铜、铁等地下资源。

什么时候才能去看看外面的世界呀。

是啊！如果没人把我们挖出来，那根本不可能。

这种劳动是人类为了成功实现共同生活，而相互协作才获得的。

今天该给谁家锄草了？

隔壁邻居家，快走吧。

如果人们不能相互帮助、共同生活，很难成功得到那些有利的东西，这一点相信大家都能理解。

排水道、引水渠、田地灌溉、拦河坝、港口等基础设施，

如果没有人类的辛勤劳作，是不可能实现的。

通过我们的劳动才能获得好处和利益，这一点是不容置疑的。

第7章　第二个论题：什么是有利

同样，通过人类的劳动和技术，也可以从动物那里获得利益。

对牲畜的饲养和照料等技术，也是通过人们的劳动与合作实现的。

所以，技术发展是非常重要的。

技术的发展让人类的生活与动物完全区别开来。

如果没有技术，生病了该怎么办？

哎哟，肚子好疼！

如果没有高超的医术，就很难有健康、舒适的生活。

因为没有医生……

病情得不到医治。

人们聚集在一起，慢慢形成了庞大的群体，

最后出现了城市。

有了城市以后，就会制定各种法律，形成各种习俗……

然后开始公平地分配权利，逐步形成一定的生活规则。

在这种规则下，出现了可以按需交换和销售商品的市场。

还出现了学校。

此外，还出现了戏剧、电影等供人们休闲娱乐的文化活动。

总之，人们的生活变得舒适安乐，丰富多彩。

西塞罗的论义务

现在，让我们来思考一下另一种可能。

如果说，群体可以给人类带来很大的利益，那么同样，群体也可以对人类造成巨大的伤害。

嘿嘿嘿

对人类来说，什么最危险？

鬼？

错！是人。

人们的确可以给人类带来很大的利益，

但是同样，也可以对人类造成很大的伤害。

很多事实证明，人类的毁灭最终都是人造成的。

确实有很多人死于洪水、瘟疫、野兽的袭击或者各种天灾，

啊呜

啊！这回死定了。

但相比之下，死于人类自相残杀，也就是死于战争或各种动乱的人数，要远远多于死于其他灾难的人。

轰

隆

可以说，给人类带来最大利益的源泉是人自身，同样，给人类带来最大危害的源泉也是人自身。

第7章　第二个论题：什么是有利　　113

从这个观点来看，给人们带来好处和利益的高尚行为，就是到目前为止我们一直在讨论的美德。
美德
有利
有利
有利
西塞罗认为，团结人们的心灵，
抓住啦！
美德
唰
心灵
使他们为了自身的利益联合起来，这就是美德的特性。
再跑快点儿！
美德
太阳快落山了。
咚咚
心灵
咚咚
美德，可以让人与人为了利益联合起来。
美德
也可以理解为，人通过美德为人类带来好处和利益。
美德
如果说，让无生命物质或者牲畜为人类的生活带来利益的方法是一种技术，
那么，通过人自身为人类带来利益，就应该是美德了。
美德
有了美德，人可以从其他人那里获得支持和认同。

按照《论义务》的说法，美德都是由智慧和勇敢、克制和正义构成的。

勇敢，快来呀！

智慧是掌握事物的真相与本质，理解事物缘由的一种能力。

看来管子是从里边爆开的……

勇敢是一种不向罪恶屈服的高尚精神。

抓小偷！
呼啦啦

克制是遏制心灵的各种冲突，让本能的欲望服从理性的一种修炼。

正义是与和我们一起生活的人和平共处的基本原则。

因此，只有清楚准确地明白这一道理，

把那里修好就没问题了！

不向罪恶屈服，服从理性，与所有人平等相处的人，

才能成为充分履行了义务的人。

我们经常会提到"运气"，对不对？

希望这次一定中！

彩票

运气好就叫幸运，运气不好就是不幸或者噩运。

哦！中奖了！

耶！

人在幸运时会很兴奋，不幸时会很悲伤。

我为什么遇不到那样的事？

刺啦
刺啦

第7章　第二个论题：什么是有利　115

不幸或逆境，首先来自于狂风、暴雨、旱灾、洪水、地震等自然灾害。
其次则来自野兽的进攻和袭击，当然这种情况今天已经很少遇到了。
不过，这些不幸其实都是比较罕见的。
砰
砰
实际上，与这些自然灾害和野兽的袭击相比，
不幸更多是来自于人类自身。
因为，人可能是最亲密的朋友，也可能是最可怕的敌人。
想想历史上的种种灾难，很多都是人们自己制造出来的。
啊！不知不觉就……
不幸
不幸
不幸
不幸
人与人友好相处的社会，
是不是要比互为仇敌的社会更加幸福呢?
轰
隆
没有一天安静日子。

如果在人们的关系中出现了很多不幸，那么是不是也可以通过改善人们之间的关系去阻止这些不幸的发生呢？

如果能够从周围人那里获得好感和善意，就可以很大程度地防止发生不幸。

嗯！这次的报告写得很好！

吁！太好了！要是这份报告没通过我就完了。

得到同事的尊敬，并维持良好的关系，也是非常重要的。

在学校里与其他同学友好相处，要比孤独一个人或是被别人孤立幸福。

我总是一个人……

有利，其实主要就是关于这些问题。

无论是谁，都希望能远离不幸，得到幸运，

幸运，更多是来自于人与人之间的关系，而不是来自自然或者其他外界因素。

遇到一个人，可能是幸福，也可能是不幸。

第7章　第二个论题：什么是有利

因此，通过人际关系来防止不幸，获得幸运，是一件非常好的事情。
既交了朋友，又带来好运，一举两得！
俗话说，缘分是人创造的。
好的缘分当然比噩运好得多！
其实，人生际遇本身就是一种缘分。
与朋友的缘分
与同事的缘分
与父母的缘分
那么，要想避免周围人带来不幸，
不幸预防药
每日3次 饭前/饭后
收获认可、尊敬及好感，需要做些什么呢？
你喜欢我吗？
什么？！
我们首先想到的就是美德。
这些美德，就是我们前面学习过的道德高尚性。
很好！
美德
还有一个就是我们现在正在学习的有利。
还有我！也请你称赞我吧。
美德
有利
如果说美德是关于来自各种德性的义务的训诫，
美德
那么，有利就是关于获得生活的安乐与享受的手段。
比如说权力和财富。
还有荣誉和声望。
因为有了这些，生活会更好更方便，在诸多方面也会变得有利。
不喜欢就自己去争取呀。

第7章　第二个论题：什么是有利

119

第8章 关于官职的荣誉

西塞罗认为，人在帮助别人的时候，会存在下面的理由。

第一，不管是出于什么原因，喜欢那个人。

第二，因为那个人的德性受到高度的评价。

第三，对那个人有足够的信任，觉得帮助他可以得到更大的利益。

让我们结成同盟！

第四，害怕那个人所拥有的权力。

第五，期待从那个人那里得到回报。

因为我帮了他，才给我谢礼的。

第六，已经约定了贿赂或是物质上的补偿。

只要把这件事处理好，这些东西就都是你的了。

在这些理由中，第六条无论是施与者还是接受者，都是最卑劣、最无耻的行为。

哼！

西塞罗认为，人们服从于军队或政府权力的理由也是类似的。

第一是尊敬，第二是善意或慷慨，

不要哭，孩子。

第三是对方的社会名望，第四是对利益的期待，

怎么做才能让他注意到我，让我出人头地呢？

第五是力量或恐惧，

立刻去做，否则我不会放过你的！

是……

第六是对礼物的期待，第七是贿赂等。

在这次战斗中获胜，会不会给我奖金呢？

在公职中，荣誉的最高对象，可能就属权力了吧？

以前是国王，现在是总统，都是掌握着最高权力的人。

可以说，权力是一剂美味的毒药，它甚至可以让父子反目成仇。

第8章　关于官职的荣誉

一般来说，权力并不是一件坏事。
我太郁闷了！
呜呜！
还有什么比权力更重要吗？
即使有毒，如果使用得当，也能变成救命的灵药。
我的毒液可以入药，难道你们不知道吗？
权力可以让很多人得到幸福，
这个国家的生活一派祥和。
都是因为有个好国王。
但也可以让很多人变得很悲惨。
咚
所以，人们总是会期待明君。
这将决定国家的兴亡。
谁会希望有暴君呢？
权力，其实就是一种统治。
关于权力，最好用爱去统治。
而最坏的做法，则是用暴力去统治。
不听我的话，你们知道会是什么后果吗？
如果权力成为恐吓和压迫的手段，就会变得非常可怕。
这样的权力，是不可能持久的。
让很多人变得不幸的人，最终一定会被人们所抛弃。
独裁者凯撒虽然通过权力将国家掌握在自己手中，但最终还是难逃被暗杀的下场。

用恐怖暴力的手段进行统治的人，结局都很悲惨，这也是历史给我们的教训。

呵呵呵呵

任何一个暴君，都无法获得人民的尊敬，

滚到地狱去吧！

哼，这个坏蛋！

他们的结局不是被杀害，就是被驱逐，总之都很悲惨。

救命啊！

那么，人为什么需要权力呢？

因为这是进行统治必需的一种手段。

如果成为一位明君，用美德和爱去统治，那么权力就会成为最好的有利。

所以，权力的使用规则非常严格。

要时刻想到国民的利益。

知道了！

当无法通过说服来获得公共利益时，有时也要使用武力，

但是，那些想利用权力使自己变得令人恐惧的人，不是疯子就是暴君。

给他们点颜色瞧瞧，让他们再也不敢骑到我们的脖子上！

自由和生命一样，都是永远不能被压抑的。

如果想在自由国家用权力去统治或压迫公民个人的权利，一定会受到强烈的反抗和挑战。

第8章 关于官职的荣誉　　123

所以，民意是很重要的。
独裁和压迫的结局就是灭亡。
呃啊啊
独裁者或许可以暂时欺骗民众，压迫他们，
关门！赶快关门！
嘎吱
但却不能长久如此。
哇啊啊
利用权力固然可以号召更多的人支持自己，
请各位相信我！
但应该驱散恐怖和压迫，选择可以实现仁慈与爱的政策进行统治。
应该把这些都扔掉。
希望别人都害怕自己，其实是一件很幼稚的事，
但是似乎很多人都很喜欢这样的快感。
大家怕我，躲着我。
嘿嘿嘿…
实际上，应该努力去获得人们的尊重，而不是胁迫和压迫他人。
受到这种权力欲望毒害的人，似乎为数不少。
然而，将权力变成恐惧的象征，想方设法让别人害怕自己，
这样的人，最终也只能活在恐惧之中。
我害怕黑夜，好像总有人对我怀恨在心，想要在黑夜里杀死我。

这就是我们常说的因果报应。
这都是自己种下的恶果。
拥有最高权力的人，往往很难相信任何人，
这里面是不是投了毒？
啊？
他也同样被恐惧和孤独包围着，而且孤立无援。
我们在前面曾经说过，拥有权力或者权势并不是坏事，
坏就坏在拥有它的人的欲望。
整个世界都是我的了！
所以，本能的欲望应该服从理性。
理性
舍不得放下！
呃！
权力显然是从别人那里获得好感和支持的最佳手段。
还有比权力更好的手段吗？
但是，如果是通过恐怖与威胁来实现，情况该是多么悲惨？
哐
正因如此，虽然生活在暴君与内战频繁的古罗马时代，
轰
隆
西塞罗仍然没有放弃对共和制的追求和热情。
罗马必须成为共和国，这是为了全体人民的利益。
他希望政府不是依靠不正当的压迫进行统治，而是依靠善意的关怀得以维持。

西塞罗认为，罗马的元老院应该是各个国王、各国人民和各个民族的港湾和避难所。
元老院
伙计们！咱们躲到元老院去！
罗马为了同盟国的利益去参与战争，
嗯？为什么罗马军也来……
因为这里是我们的同盟国。
用公平和信任捍卫同盟国的利益。
总之，罗马不是一个独裁的国家，而是一个友好的国家。
罗马
所以，西塞罗对于凯撒的独裁持强烈的批判态度。
这也太不像话了！
但是，认为向同盟国施加高压政策是不正义的时代已经过去，
休想跟我平起平坐！
哐
暴君们甚至对罗马平民也实行各种残忍的行为。
如果你们不听话，也会是这样的下场，知道吗？
甚至还出现了抢夺罗马公民的财产并拿去拍卖的情况。
拍卖
那是我的……
在西塞罗看来，作为独裁者的凯撒不仅没收了公民的财产，
没收！
还利用权力，让所有的地区都陷入灾难。
嘿嘿嘿……

因为凯撒更愿意成为人们恐惧的对象，而不是受到公民的爱戴与尊敬。

而权力，本应是用来获得公民的爱戴与尊敬的。

我再也忍受不了了！

干脆去别的国家吧，说不定还能好过点儿。

这也说明正确使用权力的义务是非常重要的。

爱戴与尊敬，或者正直与信任，并不是对所有人都有相同标准的要求。

由于职业或地位不同，要求也会有所区别。

公民　法官　军人

有的人只要拥有好朋友的友谊和信任就足够了。

像我信任你一样，

你也要信任我，这就足够了！

有的人则需要全体公民的信任和支持。

这次一定要当选……

当然，好朋友的信任和友谊，对于所有人来说，都是非常宝贵的。

赞同！

第8章　关于官职的荣誉　127

官职的荣誉和声望，对于获得公民的信任和爱戴，会有很大的帮助。

西塞罗认为，最高的荣誉要具备以下三个条件。

第一是民众的尊敬。

第二是民众的信任。

他真的是值得信赖的人吗？

嗯！非常值得信赖。

第三是民众的钦佩，

认为他具备获得荣誉的资格。

善意来自于善行。

咯咯哒

至少也应该有善行的愿望。

要想获得民众的爱戴与尊敬，

拥有良好的声望，对财富的慷慨，

虽然不多，希望能帮到你。

太感谢了！

正义和信任，温厚的性格，谦恭的态度等，是可以实现的。

而信任，主要来自于下面这样一些人。

128　西塞罗的论义务

当那些拥有预见未来能力的人,

噢噢,看到了。

我看到了未来。

也就是比我们更善于理解事态,更富有洞察力,

就是有先见之明。

哇哦!

啪 啪

在陷入危机后可以做出正确判断的人,

好!就这么办!

啪!

当他们拥有正义时,我们就会对他们报以信任。

幸亏有他,让我们躲过了战争。

太厉害了!

当得到公民信任的人成为领导者,这个国家的公民将会非常幸福。

和平的国家!

无与伦比的幸福!

还有,公正而诚实的人,

清正廉明

也可以得到人们的信任。

这样的人,就是把我的生命、财产,

以及子女都托付给他,也会完全放心。

因有远见卓识而获得信任,是一种很好的方式。

未来

但相比之下,正义则具有更大的力量。

超人再次登场!

第8章 关于官职的荣誉

129

一个人无论多有见识，如果缺乏正义，也是得不到信任的。
一个罪犯就算知道救国的方法，可有谁会相信他呢？
即使没有见识，正义依然具有很强的力量，
长大以后，我也要当超人。
英雄！
但是，如果只有见识而没有正义，则更难获得信任。
这样的人反而更加危险。
没有正义感而只有见识的人，经常会被认为是狡猾奸诈的人。
听说走这条路就可以了。
嘿嘿嘿……这些傻瓜！宝藏都是我的啦！
这样的人只会令人憎恶和猜忌。
原来是陷阱！
这个十恶不赦的坏蛋……
因此，有见识的人，只有知性与正义并存时才能得到信任。
啪
预见与智慧是知识，不过要有正义等其他德性才能道德高尚。
智慧
预见
道德高尚
具有知识这种美德的人，我们希望他同时也具备正义这种美德。

获得官职的荣誉还有第三条途径，就是得到人们的尊敬和称赞。

哇 哇 哇

我们在选举领导者的时候，

要思考谁最值得尊敬和赞誉。

这个人最值得信任。

同样，所有的官职都应该交给那些令人尊敬和赞誉的人来担任。

我值得信任！

不勤劳、不努力、不用心，并遭到大家蔑视的人，

当然无法与官职的荣誉相匹配。

淘汰！

哼！

只有具有超出常人的美德，才能获得大家的称赞。

德性

因此，必须努力让欲望服从理性，具备高贵的精神力量和分辨能力，

克制！

具有追求高尚目标的德性。

再坚持一下……

目标

这种努力，也就是获得官职荣誉时履行义务的过程。

胜利！

第8章　关于官职的荣誉　　131

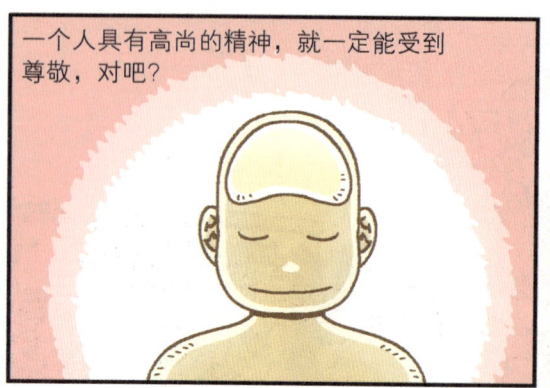

一个人具有高尚的精神，就一定能受到尊敬，对吧？	同样，正义的人仅凭正义这一点就可以被肯定为一个善人。 先人？是在说我吗？ 不是……说的是那些善良的人。
另外，善于管理金钱的人，也可以获得一定程度上的敬重。	因为，如果是可以放心把钱交付给他的人， 存款已经处理好了。	在其他事情上，同样也可以信任他。 真是个诚实可信的人。
听上去好像很可笑，但其实，即使是盗贼之间，也需要有正义。	比如，一个小偷欺骗同伙，甚至还偷了同伙的东西， 啊！	那么，其他同伙都会觉得这个小偷是不正义的。 小偷还会丢东西？
其结果就是，这个小偷可能会被其他同伙赶走，甚至会被杀死。 啊！ 你这回完了……	黑社会也是一样。 我很可怕吗？	为了从其他同伙那里获得好感和支持，就必须要得到他们的信任和尊重。 背叛者死！

132　西塞罗的论义务

古今中外，无论什么时代，人们都会要求公正的权利。

不公正的权利，就不是权利。

没有公正，不得进入！

权利通常要依靠正义的人来维护。

所以，无论在什么时代，

这些人都是从哪儿来的？

都会推举正义的人，或者具备美好德性的人来担任领导者。

我……

在对统治者的要求中，最重要的德性就是正义。

知道了！

正义 正义 正义 正义

如果除了正义，还兼备见识，简直就是锦上添花。

正义 见识

不过，为了得到具有权力与荣誉的官职，

好想要！

还要从别人那里获得正义的肯定。

你正义吗？

这个……是吧。

第8章　关于官职的荣誉

通过伪装、炫耀、浮夸，不可能得到持久的荣誉。但也有获得荣誉的捷径。
嗯？那不是投机取巧吗？
让我们请苏格拉底来解释一下这是为什么吧。
嗨！我是苏格拉底。我认为，获得荣誉的捷径就是让自己成为人们希望你成为的那种人。
认真努力吧。
就是说要为了别人的想法而活。
不管怎么说，想要得到荣誉，或者想要获得荣誉的官职，
就必须要忠实地履行与正义这种美德有关的义务。
嗯？又在喊我吗？
有的人从一出生，就已经具备了良好的条件。
我的王位终于有继承人了。
他们从一开始，就已经成为了荣誉的对象。
我宣布，这个孩子将是继承王位的王子。
因此，他们必须要努力让别人认可自己。
王子！这里又写错了。
成为国王的道路真是漫长又艰难啊。
相反，那些出身卑微，完全无人知晓的人，
呜哇
唉，日子已经这么难了，又添一张吃饭的嘴，怎么办呢……
他们必须从小立下远大目标，并坚定不移地去追求，
目标是成为优秀律师！
我一定要摆脱这种困难生活。
最终，他们白手起家的奋斗得到了大家的称赞。
妈妈，我成功了！
太棒了，我的儿子！

要想获得荣誉,就不能吝惜为履行相应义务而付出的努力。

年轻人要学会自我节制,孝敬父母。

妈妈,重活累活都让我来做吧!

哎哟,谢谢你,我的儿子!

应该努力去追求精神上的美德,而不是单纯肉体上的快乐。

别看了,一起来玩吧。

不行,我正在汲取精神食粮,没有时间。

此外,如果是担任公职的人,则应该怀着克己奉公的精神,

克己奉公?

就是没有私心,为了国家和公共利益去努力工作。

全力以赴地去完成公共任务,

最近过得好吗?

托你的福,还不错。

在自己的岗位上努力完成自己的义务,

这样的人生,最终一定可以收获荣誉,获得尊敬。

全国第一名的秘诀是什么呢?

也没什么,就是以教科书为中心认真学习。

在小事上认真努力的人,在大事上也会全力以赴,这也是人生的基本道理。

第8章 关于官职的荣誉

135

在争取荣誉的时候，说话的方式也很重要。
哇啦
哇啦
民间有句俗语，“一句话可以偿还千两黄金”。
我的肝不能治疗龙王的病……
嗯？真的吗？
说话的方式有两种类型。
2
一种是谈话，
另一种是演说或辩论。
演说……就是要大声说出来！
如果想说服别人，就一定要善于表达。
SALE
哇！这件衣服真是太适合您了。
演说，无论生动且充满才华，还是庄严又富有节制，
口才真好啊。
只要能吸引听众，就可以获得称赞。
太棒了！
真是精彩的演说。
在古希腊、古罗马时代，演说和辩论是非常重要的。
咦，大家排队在干什么？
他们都想去跟著名的演说家学一手。
学习修辞学，也是为了可以更好地辩论。
嗯……所以……
重来！
特别是想要成为律师或者政治家的人，更要在这方面付出努力。
啪
被告人是无罪的！

第8章 关于官职的荣誉

第9章 关于善行和慷慨

前面讲过的是可以帮助我们赢得荣誉的各种义务。

荣誉

现在，我们来了解关于善行和慷慨的问题。

善行 慷慨

善行和慷慨也属于一种义务。

义务 善行 慷慨

怎样做才算是慷慨与善行呢？

怎样做才能让别人认为你是慷慨而充满善意的人呢？

呃，太难了！

138　西塞罗的论义务

西塞罗认为，善行与慷慨可以通过为有需求的人提供帮助或是给予钱财来获得。

给人钱财是比较容易做到的，

特别是对于有钱人来说就更简单了。

但是善行要比慷慨更加光荣和伟大，也更适合那些英勇、著名的人士。

崇 善行 高
慷慨 慷慨 慷慨

因为慷慨来自钱柜，而善行则来自美德。

也就是说，慷慨与金钱有着密切的关系，

而善行则与美德密不可分。

通过财产表现慷慨时，要注意适度。

你又要到哪儿去？

我……我去帮助那些穷人。

因为会发生这样的事情：

都是因为你，咱们家现在已经破产了，你还要去帮别人？

嗯……可是……

即使是那些乐于捐款的富商，也会面临相同的问题。

再怎么捐，我也不会倾家荡产。

所以，在表现慷慨时，必须要特别小心。

哎呀，我完了。财产都败光了，以后要怎么活呀！

对不起……

第9章 关于善行和慷慨

所以，与用金钱帮助别人相比，
你说什么？难道这样做不是最好吗？
用奉献和效力，也就是说通过能力和勤勉去表达善意与慷慨，才是更好的方法。
月亮村
越是帮助更多的人，这种亲切的行为越可以创造出更多的帮助。
帮助来啦！
帮助
帮助
帮助
通过这种习惯，可以让更多的人感受到善意，从而也把善意传递给他人。
10.0
10.0
奉献可以带来更多的奉献，不是吗？
丰收了！
亚历山大大帝的父亲腓力二世曾经指责他想要用钱从马其顿人那里获得好感。
绝对不能这样做！
你以为你用钱收买他们，他们就会效忠于你吗？你怎么会有这样的想法？
啊……
你想让马其顿人不把你当成他们的国王，而是当成他们的管家和供应者吗？
我错了，父亲。
随意赠予金钱，有时不是善行或慷慨，而可能成为导致堕落的原因，是非常危险的。
嗯？平白无故为什么要给我钱？
这样会让人产生一种“乞丐本性”，认为不必工作也可以得到钱。
反正就这么待着，也会给我钱的。
所以，通过奉献和效力去帮助别人，要比直接赠予金钱更高尚。
下次我再也不那样做了。
好了，我相信你。

当然，慷慨的赠予有时也是应该做的。
对于贫穷的人，适当给他们一些钱，对他们大有帮助。
咕噜噜！
有了钱，我终于可以买面包了！
不过，这样做时一定要慎重，而且要适度。
轻率地向别人馈赠金钱，很可能会耗尽财产。
怎么回事？钱柜已经空了！
这样的话，或许会促使人通过盗窃和抢劫来继续行善。
请原谅我吧！
噔噔噔—
这是非常危险的。
不能把我当作杀富济贫的好汉吗？
不能。
西塞罗告诉我们，一个人对财产不应该锁得太紧，甚至连善心都不能打开它。
休想从我手里拿走一个子儿！
但也不能管得太松，让它对所有人都敞开。
那是我最后的一点儿钱了！
所以要保持分寸。
一定要适度！
有时候，过度的善意反而会让自己变成乞丐。
那可不行！
在慷慨施赠的人中，有的人不考虑未来，任意挥霍手里的钱，
为贫穷邻居召开的茶话会
哇啦哇啦
那家人好像天天开宴会。
有的人会明智地使用钱财。
确定每月一次的捐赠日。
盲目施赠的人最终会耗尽家产，然后便会被人们完全忘记。
为什么要这样对我！我没有钱了就都不认识我了！
呜

有节制的慷慨者，只会去帮助那些真正有需要的人。
比如通过自己的能力赎回被劫虏者，
将军万岁！
为朋友承担债务，或者帮助朋友增加财富。
我们是好朋友，我会努力帮你还债的！
你真是我最好的朋友！
但不应把财富浪费在组织民众娱乐上。
这是一种非常浅薄的行为。
啧啧
在馈赠时，也不能留给别人吝啬的印象。
馈赠时，适度是最重要的。
少
多
在适当时间、适当地点进行适度的馈赠，能够赢得良好的荣誉。
荣誉
荣誉
荣誉
荣誉
荣誉
荣誉
把钱财用于修建城垣、码头、港口、引水渠等公共设施，是非常有意义的。
希望能帮助工程尽快完工。
也可以向一些助学机构或是贫民救助机构捐款。
捐赠500万元的卖紫菜包饭的大婶
不管怎样都不要忘记，善行和慷慨都是重要的义务。
重要
正直诚实地工作，积累财富，为人民和公益事业馈赠财富，
如果这些钱能让更多的人感到幸福，那我就满足了。
KOC
PHS
这种慷慨和善行，是我们应尽的义务。
太厉害了！
充分履行这种义务的人，当然会从周围人那里得到信任和尊敬。
要是我，肯定做不到像她那样……
太值得尊敬了！

获得尊敬和信任，可以让人生更富有意义。
真是个诚实的学生，值得信任。
简历
公益活动 135小时
好吧，明天就过来上班吧。
但有些人认为金钱是万能的，因而只热衷于追逐财富。
这个世界上还有什么是用钱买不到的吗？
善于管理财产，适度地与他人分享，可以给自己带来满足。
拥有和消费都是公民的义务。
拥有
消费
慷慨馈赠的方式有很多种。
比如，帮助那些身处困境中的人。
救救我！
帮助别人改善处境，追求更美好的未来。
即使没有身处逆境，也总有需要帮助的时候。
哇，真干净，太棒了，谢谢！
对于遭受了水灾或者地震等灾难的人，
我该怎么活呀！
应该给予物质上的帮助，或者提供其他帮助。
“互相帮助”这句话真的很有道理，对不对？
而且是我们生活中必不可少的。
富裕的人帮助贫穷的人，更是一件美好的事。
像我们这种富人当然应该捐款，你也要这么做。
知道了，老板……
脸红
怀有毫不贪婪的奉献之心，才是实现美好社会应尽的义务。
赶快走开！
贪欲
贪欲
贪欲
贪欲

向善良、懂得感恩的人施与馈赠，会让人感到心情愉快。

非常感谢！

哈哈……一点儿小事，不必谢。

慷慨馈赠，不仅让自己，

啊……心里像有团火一样，好温暖。

也让接受馈赠的人，以及周围的人都能感受到幸福。

啧！ 啧！ 啧！ 啧！

品德高尚之人的善意馈赠，就如同很多人的避难所。

请一定抓好哦！

善心

所以，应该尽可能地把善心施与更多的人。

呼呼 咻咻

善心 善心

让贫穷的人变得富有，促进公共利益，

这种善心不仅对个人，对整个国家也很有好处。

因为这是正确建立国家的基础。

带着慷慨的面具来进行挥霍，只是以感官享乐去迎合民众的轻率行为。

慷慨馈赠

我来帮你吧。

真的吗？

相反，能让国家更加健康的善行，才是伟大而庄严的。

拿出勇气来！

144　西塞罗的论义务

一个人在施与时应该慷慨，索取时不应过分尖刻。
我最近有点困难，给我点儿钱花吧？
什么？
在买卖与借贷的行为中，也应该保持公正。
一个铜钱买一个苹果，怎么样？
好的，没问题！
最好能让更多的人得到利益。
利益
利益
利益
利益
利益
过度浪费，耗尽家产，当然是一件可耻的事情，
听说那个人……
真是没脸再留在村子里了。
但也不能过分吝啬。
嗯？好像听到有人在骂我……
守财奴
善于管理财产，又能慷慨馈赠，才是金钱所带来的最大快乐。
我的总结是不是很精辟呀？
大家对此有什么看法呢？
嗯……
不能只想着挣钱，
啊！
这是个很简单的问题呀……
火辣辣
还应该思考怎样去使用这些钱。
当为了正义的目标去挣钱时，就会通过正义的方法去获得。
只有通过正义的手段获得的财富，才能堂堂正正地去使用。
好吧！我要把这些正当获得的钱全都拿去买玩具。
即使这样，也不能随便浪费！
而且，除了拥有快乐，还应该懂得分享快乐。
这些都是属于善良公民的义务。

西塞罗认为，著名人士的宅邸向其他著名人士敞开是非常合适的，
欢迎欢迎！
而且这也是一个共和国应有的行为，以便让外邦人也能感受到这种慷慨。
旅途劳顿，很辛苦吧？
还好，还算顺利。
按照这种说法，对于今天生活在我国的外国人，
人来人往
我们也应多行善举，慷慨对待，而不应过于尖刻和吝啬。
Excuse me，我想去便利店，应该怎么走？
这附近就有。我带你去吧。
与金钱的馈赠相比，
通过个人的直接行动或者效力做各种善行，是更好的事情。
我想强调的是，这其实是所有人都应该履行的义务之一。
嗯？
义务
义务
义务
公民之间自发地相互帮助，也与我们传统文化中的互帮互助精神相契合。
吃点儿东西再干吧！
运用法律知识为更多的人效力，对于得到帮助和施与帮助的人来说，都是件很好的事。
对于施与的人来说，可以扩大影响，提高声望。
对于接受帮助的人也是非常有利的。

辩论和演说与法律知识也有着密切的关系。
善于演说有利于获得高人气。
太让人感动了。
给穷人带来希望……
演说还是一种很好的手段，可以让受到保护的人心怀感恩。
谢谢！
在古希腊和古罗马时代，演说和辩论具有很大的影响力。
就好像今天那些政治家们的演说一样。
现在是总统致国民书。
喀喀！
律师为那些受压迫的人做免费辩护，是一件多么有益的事情啊！
但在做这些事时，也要特别谨慎。
在帮助某个集团时，要注意不能伤害到其他集团。
知道了！
这种错误常常出现。
大家工作那么辛苦，我买面包来慰劳大家。
这种错误可能是道德上的恶行，也可能是一时的疏忽。
啊……我错了！
减肥
如果这样做是无意的，那就是一时疏忽。
你这是在耍我们吗？
不是，我不是有意的……
如果是有意的，那就是傻瓜。对此，西塞罗特别提醒儿子要注意。
我不是故意的！
傻瓜
如果因为自己的失误造成了损失，则应该通过其他帮助或其他义务来补偿。
事前必须要认真思考，才不会出错。
点头

必须记住，帮助那些贫穷而善良的人，
嗯？
善意
嗖
要比帮助那些富有而有权势的人好。
为什么！这是差别待遇！
你问为什么？因为贫穷善良的人会怀有报答之心。
善意
钱还了就没有了，
都给别人了，一点儿都没有了。
但是，善意无论怎样归还，都依然存在。
因为它是发自内心的一种感情。
因此，效力要比馈赠更好。
这个我当然知道！我更想知道的是，为什么没有人为我这样的人效力？
面红耳赤
这个嘛，下面我就来解释一下。
像你这样富裕又有名望的人，即使得到了恩惠，也会像下面这样想。
这算什么恩惠！肯定是对我有所求，所以才这样对我。是不是想从我这里得到恩惠？
看到了吧？
善意
但是，如果帮助了那些贫穷而善良的人，
没有任何理由就送给我吃的……
谢谢！
扑棱
善意
他们大多都会像下面这样想：
他自己也很困难，竟然还来帮助我们！
怎么样？影响力是不是变得更大了？
因此我认为，帮助穷人要比帮助富人好得多。
哼……

应该积极奖励那些对国家或公民所做出的善行。
让我们都来为国家和公民做出善行吧！
但要注意施与善行不能对个人造成伤害，
这些足够表达我们的心意了吧？
是的，辛苦了！
还必须要注意，这种善行应该对整个国家都有利。
加油！
国家
要注意，国家不能干涉个人私有财产。
一方面要求公民为国家做事，另一方面又随意侵占个人财产，谁会喜欢这样的国家呢？
噔噔噔！
站住！
一个无视公民利益的国家，怎么可能成为健康而强大的国家呢？
怎么一个人都没有！
都走了！我一个人好害怕呀！
如果国家为了攻克难关而不可避免地要增加赋税，
公告
纳税提高
20%
什……什么！为什么提高这么多？
那就必须要努力让所有的人都能明白和接受。
各位公民，非常对不起！现在希望大家为国家多出一点儿力，我自己也会更加努力的。
他都已经这么说了……只能这样了。
西塞罗认为，领导者必须关心国民的生活必需品是否充足。
提高赋税，肯定会让一些人生活困难。一定要保障他们的衣食住行。
是！
西塞罗真是一个值得信任的人。
我老爸是最棒的！
脸红！

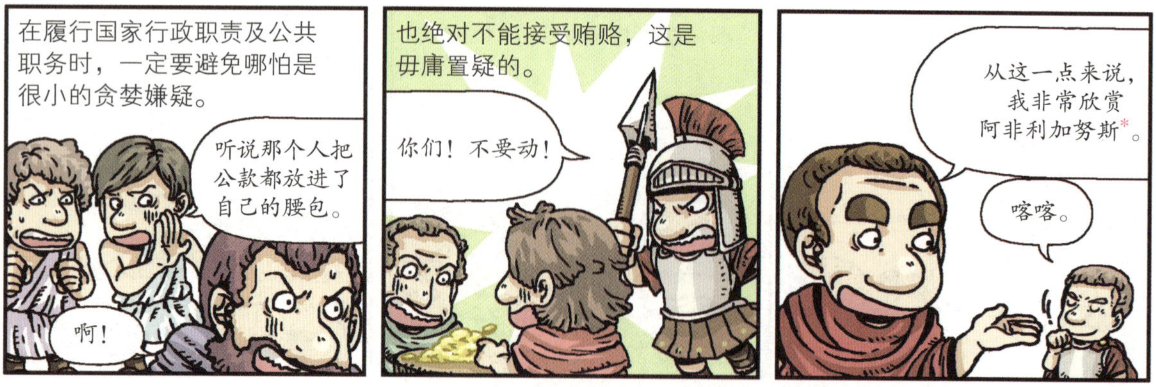

* 阿非利加努斯（公元前236—公元前184）：古罗马军事统帅、政治家。

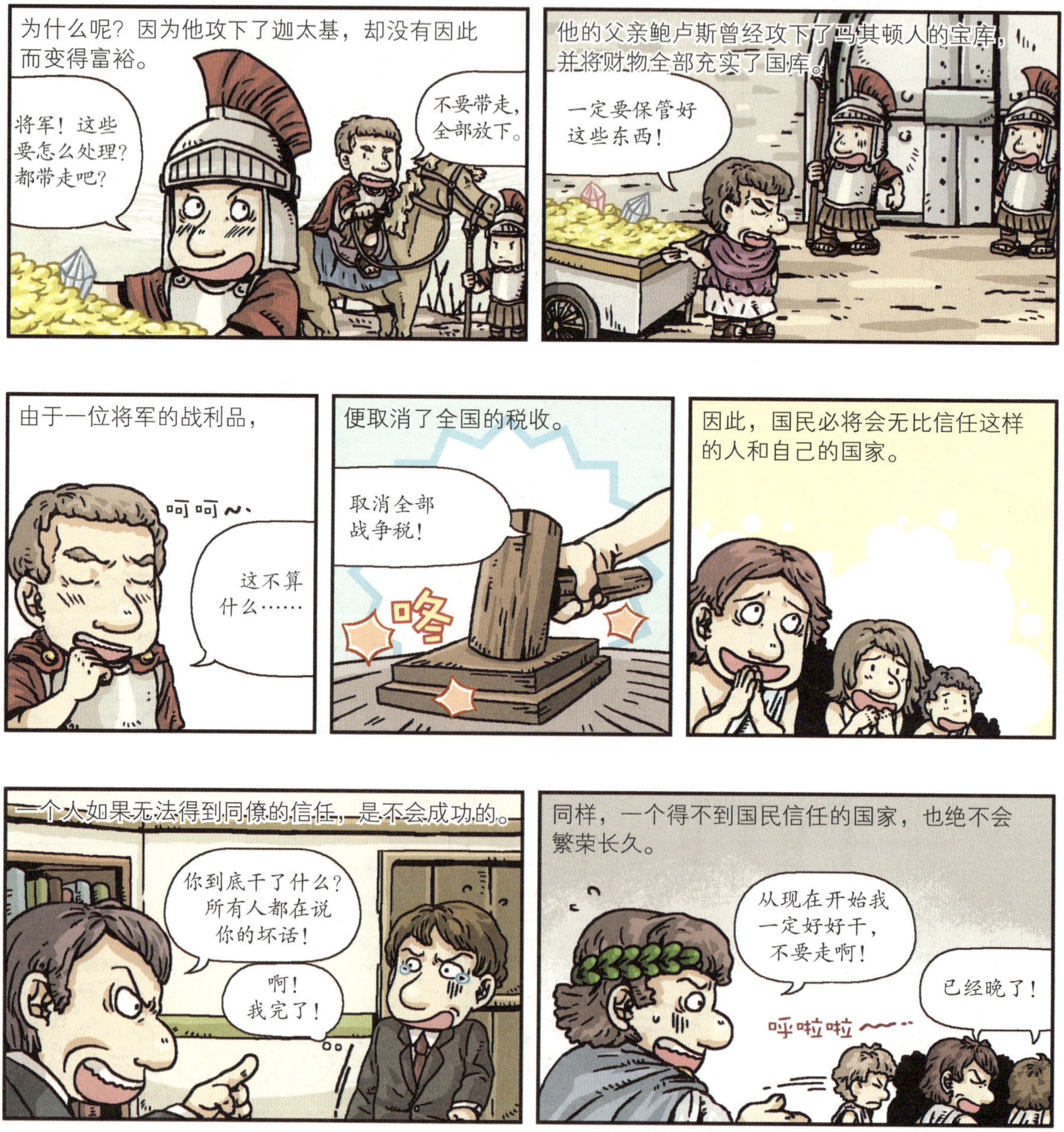

对于国家的最高权力者或者统治者来说，贪婪是最大的道德缺陷。
嘿嘿嘿……
这样的人会利用权力来满足自己的私欲。
把税金都装进自己的腰包，国家可怎么办……
啊，很好！
得意
其实，历史上有很多国家都是因为这个原因而灭亡的。
哗啦啦！
统治者的腐败与否常常会决定国家的兴亡。
没有面包，吃饼干不就行了。
哈哈
说什么？！
统治者的贪婪往往会导致国家和民族的衰亡。
判处腐败者死刑！
西塞罗尖锐地指出，为了迎合民意而提出一些过度的政策；
我会让你们每人拥有一所房子。
真的吗？
或者宽免债务人的债务；
你要是再欠债不还，我就去告你。
告就告吧，反正说不准这些债务会被取消。
欠条
或者剥夺某些人的土地；
走开！从现在开始，这片土地归国家所有了！
什么？这是我的土地呀！
或者剥夺一些人的财产，然后送给其他人；
因为你是富人，所以要把财产分给他一半。要是胆敢违背，知道后果吗？
这些都是会动摇国家基础的行为。
你是想让这个国家灭亡吗！
因为这种行为会引发国民之间的矛盾，破坏公平。

通过这种方式得到财产的人，也不会心存感激。
既然让我接受就只好接受了，可是真的很别扭……
相反，被剥夺财产的一方会非常愤怒并进行反抗。
你是国王就能想干什么就干什么吗？怎么会有这么荒唐的国家！
哐
在这种情况下，国家必将陷入混乱，
国库已经没钱了！
什么？
还会导致独裁者出现，
把那些有钱人的财产拿过来补充进去不就行了嘛！这算什么问题！
然后就是国家的分裂，或者整个国家的没落。
咕嘟嘟
所以，要注意不能让债务达到损害国家利益的程度。
债台高筑
哐
哎呀！
因为这些债务最终会分配到每个国民头上。
国库空虚，没法再给你们发工资了，就这样吧。
什么？
出现债务以后，必须要努力地合理解决这个问题。
这真是个难题……
不能从赋税者那里夺取，也不能让债务人占据别人的财产，
把我的钱还给我！
刺——溜
不能让公民通过不正当的手段损害财产。
哎呀！

应该按照法律，以及公平的原则，保护私有财产。

不能让贫困阶层因为贫穷而受到压迫。

穷就有罪吗？谁想生来就受穷呢？

同时，不要让穷人的忌妒之心阻碍富人合法地获得财产。

你出去把钱分给穷人吧。

富人就是冤大头吗？

国家应该通过合理的税收与公平的分配，

没办法。我们挣得比别人多，纳税也要比别人多，这样才公平。

啊！

让所有公民在履行义务的同时，也能感受到幸福与平安。

无需过多担心……

这样我们就安心了。

因为强大的国家必然来自于努力履行义务的健康国民。

实际上，财产也是很有益的东西之一。

当然，不一定要有很多财产，

但是，如果能拥有足够的财产可以享受富裕的生活，不是也很好吗？

住在舒适的房子里，

每天可以吃到各种美食。

但是，必须要通过正义的方式来获得财产，而且还应该勤勉节制。

应该养成储蓄的习惯。

也不要忘记前面说过的，应该履行为别人效力或慷慨馈赠的义务。

满 为饥饿儿童募捐 满

追求财产是没错的，但不能是道德上的作恶与堕落。

应该没收你的财产……

火辣辣！

第9章　关于善行和慷慨　　153

此外,健康和财产一样,都是有利的事情。

有句话是这样说的,"失去金钱是失去一点儿,失去荣誉是失去很多,而失去健康则是失去全部"。

一分钱都没有了,怎么办?

钱没有了可以再挣,荣誉失去了该怎么办?

身体生病,才是真的什么都没有了!

如果失去了健康,就如同失去了一切。

身体不好,什么也做不了。

没有健康的身体,就无法去做任何想做的事。

真想去玩,可现在身不由己呀。

还有一句话是,"有健康的身体,还要有健康的精神"。

保持健康是很有益的事情,所以这也是一种义务。

如果想要保持健康,就要努力了解关于身体的知识,以及掌握各种信息,了解什么有利于身体,什么不利于身体。

掌握了这些基本知识,对保持健康会大有帮助。

嗯……这么多,什么时候才能都了解。

当下很多人都追求所谓乐活,就是这个意思。

乐活食谱

勤于劳动,不要懒惰,

勤劳的人,留下的汗水也是美丽的。

远离感官的享受,保持健康的身体状态,

不看!不看!

精神的快乐与生活的节制,都是对健康有利的义务。

当然,专业的医疗技术也很重要。

154　西塞罗的论义务

第9章 关于善行和慷慨

第10章 第三个论题：高尚与有利的冲突

到目前为止，我们已经知道了什么是高尚的，什么是有利的。

现在我们就来了解一下，当这两者发生冲突时，该怎样处理。

哎呀！

为什么呢？

因为总有一些情况，高尚但并非有利，或者有利却不高尚。

嗯？

看你的样子好像不太理解呀。

嘿……嘿嘿。

我会一点儿一点儿地进行说明，跟我来！

是。

前面曾经说过，西塞罗的这本《论义务》，是在帕奈提奥斯创作的《论义务》基础上完成的。

唰唰唰

西塞罗自己也承认，提供了《论义务》中多数观点的人就是帕奈提奥斯，

厉害！

而他只是对其略作修改。

该承认的就要承认。我是个诚实的男人。

帕奈提奥斯在他的《论义务》中，将论述分为三个方面。

请看下面。

第一 高尚的还是可鄙的？

第二 有利的还是不利的？

第三 当高尚与有利发生冲突时，该怎样办？

第一和第二个问题的论述与我们之前学习过的差不多，

对于第三个问题，帕奈提奥斯称会在以后的著作中加以阐述，

但他没有遵守约定。为什么会这样呢？

年老了

他为什么没有兑现承诺呢？

刺溜

啊！跑了！

第10章 第三个论题：高尚与有利的冲突

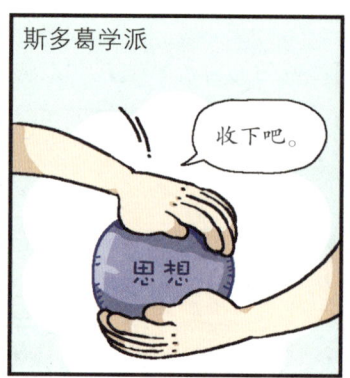

他发表了有关义务的著作后，又活了三十年。

哎哟！我年纪太大了，浑身都不舒服。

驼背

所以，有些人对此提出了这样的看法。

他是不是故意要回避这个问题？

这个……很有可能。

但西塞罗并不这么认为。

不是的。他本来想写，一定是出现了什么状况，才导致他没完成。

不管怎样，对于帕奈提奥斯留下的第三个问题，西塞罗欣然接受了。

接——球！

咚

对于这个问题，西塞罗的观点非常明确。

凡是高尚的都是有利的，凡不高尚的均是不利的！

他到底在说什么？

我也不太明白。

所以，"高尚的但却是不利的"，或者"有利的但却是不高尚的"，这些命题根本不成立。

因为，只有高尚的才是有利的！这就是真理！

苏格拉底也曾经诅咒过那些将高尚与有利分离开来的人。

发怒

斯多葛学派

收下吧。

思想

也全盘接纳了他的观点。

高尚=有利

高尚=有利

158　西塞罗的论义务

在当时，关于道德，有三种看法。
第一种是斯多葛学派的观点。
只有道德高尚才是真正的高尚！
也就是说，只有道德高尚才是唯一的善。
另一种看法是逍遥学派。
这个学派是由古希腊哲学家亚里士多德创立的。
逍遥学派认为，凡是高尚的，一定是至善的，
最高！
对
但除此之外也还存在着其他的善。
我也是善的！
我也是善的！
唰
唰
唰
西塞罗属于斯多葛学派。
斯多葛学派
而西塞罗的儿子一直在希腊雅典随逍遥学派的代表人物进行学习。
希腊
儿子！你难道……
啊！
是，是的！我就是属于逍遥学派！
你这小子！爸爸告诉你应该走哪条路，你却偏偏不听！
勃然大怒
安静！安静！还有一个学派没介绍呢！
是……
呃……

最后一个就是伊壁鸠鲁*学派的观点。

我是创始人伊壁鸠鲁,因为经常在花园里上课,所以我们这一学派也叫作花园学派。

伊壁鸠鲁学派认为,最大的善就是快乐,最大的恶就是痛苦。

快乐主义!

* **伊壁鸠鲁**(公元前341—公元前270):古希腊哲学家。

关于道德,伊壁鸠鲁学派与斯多葛学派站在完全对立的立场。

哼!

相比之下,逍遥学派的立场要温和得多。

中立!

或许大家并不同意这三个学派的立场,

关于道德,我有一些不同的看法……

我也是。

或许也不同意西塞罗的观点。这都是很正常的。

那只是大叔你的看法。

我们可不这么想。

不管怎样,这个问题今后都应该更深入地去思考,因为这是一个非常重要的问题。

关于最高的善,斯多葛学派和西塞罗都认为应该是顺应自然地去生活。

自然包含了秩序和协调,

自然　秩序　协调

能理解吗?

所以与自然保持一致,就意味着与美德保持一致。

在一条船上。

是的。

摇晃

自然　美德

160　西塞罗的论义务

其实，几乎没人能够按照最高标准履行属于至善的所有义务。
怎样才能做到呢？
世界上有没犯过任何错误的完美的人吗？
那当然是最理想的，
但是一辈子一点儿错都没犯过的人是不存在的。
即便是这样，我们也不能对道德义务保持沉默。
不能沉默！
在日常生活中，义务是非常重要的。
义务
义务更多的是对普通人的要求。
义务，不一定是惊天动地的大事。
义务
哇哦！
我们前面讨论的这些义务，在斯多葛学派看来是一些次一等的高尚行为，它们并不是只属于绝对完美之人的。
它是为整个人类所共有的。
哇哦
哇哦
把高尚行为与利益相比较是不合适的，
我是老大，所以拿一千元，你最小，拿一百元，公平吧？
公平才怪！
凡是以好处评价一切的人才做这种比较，而尽心履行义务的人不会这样做。
不对，你没听说过“长幼有序”吗？年长就应该多得一些。
这跟长幼有序没关系……
可是……这种比较好像更普遍、更常见。
吁

实际上，道德高尚是很难确定一个绝对标准的。
到这里还不行吗？
什么？至少也要到这里才行！
“不能杀人”当然是道德高尚的要求，
杀人是一种罪恶。
但是在战争中，杀人是正当的行为。
轰
隆
一定要把敌人全部消灭！
西塞罗提出这样一个问题。
你杀死了暴君，你觉得你的行为是恶行吗？
当然不是！
所以西塞罗认为，当高尚与有利发生冲突时，
有时会发生这样的冲突。
高尚
有利
必须服从一定的规则。
咣
规 则
这种规则完全符合斯多葛学派的学说，西塞罗自己也遵循这一学说。
斯多葛
斯多葛
规 则
当然，遵循柏拉图思想的斯多葛学派与遵循亚里士多德思想的逍遥学派
斯多葛学派
逍遥学派
嗯……
都不认为，高尚的不会是有利的，有利的不会是高尚的。
我们说过这样的话吗？
没有没有！不是那样的……
而是认为，凡高尚的同时也会是有利的，凡不利的同时也不会是高尚的……
这就是我想说的。

夺取他人的东西来满足自己的利益，
吭吭吭……
这种行为比死亡、贫穷、疾病都要更加违背自然。
你是比我们还坏的家伙！
死亡
贫穷
疾病
因为，这显然是一种不正义的行为，而且破坏了人类社会的和谐。
哗啦啦
哎呀！
哎呀呀！
为了自己的利益去偷盗或抢夺别人的财产，
你的钱是我的钱！我的钱还是我的钱！
在这样的社会，人与人之间不存在任何信任，为一点儿小事可能就会搭上性命。
全世界的人都是敌人……
而最终的结果，就是整个社会的崩溃。
呼啦啦
如果只注重身体的某一器官而完全忽略其他器官，情况会怎么样呢？
心脏是最重要的！只要有我就足够了！
不是只有你重要！不要那样做！
结果整个身体只能是越来越衰弱，直至死亡。
放开我！
哗啦
哗啦
同样，人类社会或者共同体也会因此而崩溃。
轰一隆
因此，抢夺别人的财产来增加自己的财富，是绝对不能容忍的罪行。
你知道自己犯的罪吗？
我错了！

这是连三岁孩子都知道的道理，是人类所有法律都认可的原则。 **虽然我不懂法律，但是我也知道不应该偷别人的东西。**	在面对诱惑时，这一点也是不言自明的。 **好想要啊，赶快攒钱买吧。**

这种基本的、必然的条款，都是人们应该遵守的规则与义务。	义务来自于自然所赋予的法则。	独自轻松地活着，只想着追求最高的享乐与财富的人，

与不吝惜力气，尽自己全力去帮助别人的人相比，	谁更符合自然的法则呢？ **当然是实施美德的人更伟大。** 哎呀—

对于那些损害他人利益，并认为这并不违背自然和人类本性的人， **哈哈，这样就能动摇人类社会的秩序吗？**	西塞罗是这样说的： **完全没有人性的卑鄙家伙！**	**连自己的罪恶都不知道，就应该这么形容你！** 是……

西塞罗的论义务

希望从别人那里获得尊敬，这是一种自然的本性。

但是，必须要为公众的利益效力，才能获得称赞与尊敬。

伤害了他人，又想得到尊重，这是绝对错误的想法。

放开！

所有的人都受同一法律的约束，

而法律禁止我们侵害他人。

平等

如果为了自己的利益而夺取父母或兄弟的东西，会怎么样？

这样做真是太坏了！

没错！

那么，如果对方不是父母或兄弟，而是其他公民呢？

那当然也是很坏的。

饶了我吧！

对父母或兄弟来说是件坏事，对其他人来说也是一样。

如果别人为了私利从我的父母兄弟那里抢夺财物是作恶的话，

为什么要抢我的东西？

放手！

那么我为自己的家人而从他人那里抢夺，同样也是在作恶。

为了给我女儿凑手术费……

那也不能做错事啊。

因此，为了本国公民而去掠夺其他国家的财产，同样都是恶行。

警告！

第10章　第三个论题：高尚与有利的冲突

有些行为是恶行，所以不能做。

停！

有些行为不是恶行，所以可以做，

把这些都做完就可以了。

这样的判断大都可以按自然赋予的人类本性来轻松实现。

特别是要符合自己的良知！

所以，西塞罗想要完成帕奈提奥斯未完成的工作。

这么多……

为什么呢？

帕奈提奥斯曾经提到过这个问题，

当高尚与利益发生冲突时，不能试图把利益放在高尚之前。

他本来是想要说明来着！

高尚与利益的冲突

西塞罗明确指出，除了道德高尚外，再也没有什么别的值得追求了。

不高尚就是恶。

因此，就算还有很多东西值得去追求，

啊！从哪儿开始好呢？

也应该把高尚放在最重要的位置上。

啊！在那里！

高尚

这就是《论义务》的精髓。

不高尚的绝对不会是有利的，所以不能去追求。

论义务

166　西塞罗的论义务

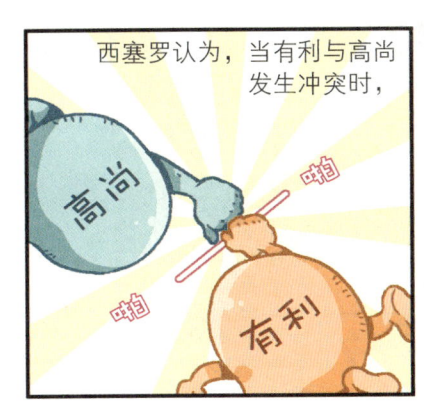

西塞罗认为，当有利与高尚发生冲突时，

这时的"有利"并不是真的有利，

只是看上去有利罢了。

你是假的！

不高尚的，也许当时觉得有利，

但最终不可能是有利的。

因此，高尚与有利之间根本不存在矛盾。

变形！

因为高尚和有利是不可分离的。

如果把这两个概念分割开来，会对人类的生活造成很大的灾难。

实际上，人们经常会因为表面上的"有利"而产生心理上的动摇。

赌场

运气好的话，我可以一辈子衣食无忧了。

但是，当人们了解到那是不高尚的或者是错误的，可能就会选择放弃。

这是……怎么回事！这不是悬崖吗！

这种放弃，并不是放弃有利的东西，

这是关键时刻！

啊呀……

而是理解了只要有"恶"存在，便不会存在"有利"。

债务

沉迷赌博，就会……

这也是获得智慧的关键。

第10章　第三个论题：高尚与有利的冲突

因此，那些邪恶之徒的错误就在于，当他们抢夺看似有利的东西时，必定把它与高尚割裂开来。

吭吭吭……

高尚

由此产生的掠夺、伪造证据，以及对权力的贪婪等，都是违背人类本性与义务的可鄙行为。

这些邪恶之徒，

只看到了物质的利益，而没有看到潜在的惩罚。

我现在是富人了！

完全忘了我的存在。

西塞罗所说的惩罚，并不仅仅是法律上的惩罚。这些邪恶之徒是经常可以躲过法律上的惩罚的。

像这样不就没事了！

实际上，在所有惩罚中，

从现在开始，你就是前科犯。

啊！

最严厉的莫过于罪恶本身所带来的惩罚。

所有的痛苦都来源于恶。

知道了！

我是前科犯

有些优柔寡断的人，还在思考是应该追求高尚，还是应该追求眼前的物质利益？

唔……

道德高尚　物质利益

对于这样的人，西塞罗觉得应该把他们都赶出去。

驱逐！

哎！

168　西塞罗的论义务

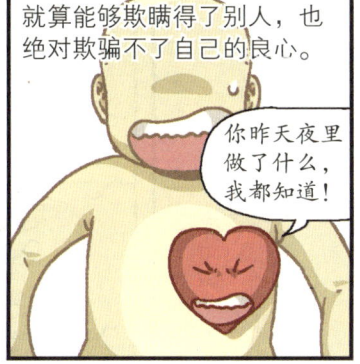

这是不是太过分了？ 当然不。	因为这种犹豫本身就包含着罪恶。 啊！被发现了。 慌 乱
西塞罗的意思是说，对于罪恶的行为， 嘿 嘿 嘿 嘿 嘿	一点点想要把它付诸行动的念头都不应该有。 呼啦啦 看我这边呀！
抛弃一切想要隐藏和掩饰的想法。	就算能够欺瞒得了别人，也绝对欺骗不了自己的良心。 你昨天夜里做了什么，我都知道！	而且，一时的冲动或不节制，是成不了什么事的。 你这样做是没用的……
西塞罗属于斯多葛学派。 斯多葛学派 我们斯多葛学派认为，高尚是唯一的善。	与斯多葛学派对立的另一个学派——伊壁鸠鲁学派， 闪出

第10章　第三个论题：高尚与有利的冲突

视快乐为最大的善，痛苦为最大的恶。
很多人称我们的学派是快乐主义。
快乐至上
赶走痛苦
伊壁鸠鲁
西塞罗非常憎恶伊壁鸠鲁学派。
吵死了！走开！
伊壁鸠鲁
西塞罗认为……
吭哧
吭哧
我说过了，高尚与有利是没有冲突的。
这样的话，快乐怎么能成为最大的善呢？快乐是违背高尚原则的！
伊壁鸠鲁学派根本就无视高尚的存在。
你懂什么！
虽然我们追求快乐并把它看作至善，但是我们对于高尚也有很高的评价！
因为，美德除了可以带来高尚的善行，还能够带来最大的快乐。
看看这个，这表示我们也很重视美德。
这是什么嘛……
如果把这句话变换一下，
那就是，不能得到快乐，美德则不再重要。
什么！你的意思不还是，快乐是第一位的吗？
而这与《论义务》的观点是大相径庭的。
快乐是最高的善。
胡说！只有道德高尚才是唯一的善！

西塞罗认为，要想保持高尚的水准，
不行！再这样下去的话，所有人都会陷入快乐的漩涡而无法自拔。
就要动员起来，与快乐主义的思想坚决斗争。
快乐主义
坚决反对！
干，干什么！
伊壁鸠鲁
现在，让我们以快乐主义的观点，来看看前面学过的属于道德高尚的四种美德。
吭吭
如果快乐是最高的善，
快乐
那么智慧这种美德还有什么用呢？
或许，智慧可以帮助人们从更多的资料中收集快乐。
这个最好！
什么是最大的快乐？
这种义务是告诉我们选择哪种快乐更好。
疑惑的时候，可以试试这种方法。
对此，西塞罗是这样说的：
那是智慧的作用中最丑恶的一项。

对于第二项美德，也就是勇敢，又该怎么解释呢？

如果说最大的善是快乐，最大的恶是痛苦，

那么，追求快乐、逃避痛苦的精神，就应该是勇敢了。

快过来！

但是，害怕痛苦而选择逃避，也能叫勇敢吗？

这不是相互矛盾吗？

哦？

面对痛苦应该有与之斗争的勇气。

嘿嘿嘿——

怎么会这样……

那么，克制这种美德又该怎么解释呢？

让我们看下面的情况。

减肥！

减肥！

好想吃……

哎呀！不行，不可以！食物是我的敌人！

作为尝试，我们都知道应该像这样克制住想要追求快乐的欲望，

欲望是快乐的朋友，克制则是其敌人，所以在这里又出现了矛盾。

克制 ≠ 快乐

172　西塞罗的论义务

当然，伊壁鸠鲁学派也有自己的解释。
从一开始，你就在指责我们的学派。可是我们提出这样的主张，也是有原因的！
哼！那就说来听听。
首先是智慧，智慧可以提供快乐，解除痛苦。
然后是勇敢，勇敢可以让我们在任何情况下都能为了实现这个目标而勇敢面对。
为了快乐，好好活下去！
快乐
而克制，则是忍受作为罪恶的痛苦。
一定要忍耐。
现在我来说说快乐与正义这两种美德的关系。
正义
正义是一种公平的美德。
所以，它一方面会带给更多的人最大的快乐，
快乐
另一方面，正义也会使更多的人尽可能减少痛苦。
痛苦
顺便说句题外话，后来，这一主张加以改变后又在英国出现，被称为功利主义。
功利主义
这种思想显然比伊壁鸠鲁学派更加露骨。
哼

不管怎样，西塞罗还是坚决反对将道德高尚与快乐联系在一起。
说什么都没用！不行就是不行。
西塞罗认为，这种联系不仅不能接纳，还应该予以驱逐和毁灭。
嗖
因为在快乐与高尚之间，不应该存在任何关联。
我们俩是完全对立的。
快乐
高尚
按照西塞罗的观点，快乐只是人生中的一剂调味料。
唰
唰
显然，快乐中并不存在任何有利的东西。
擦亮眼睛再看，还是没有。
快乐
快乐
最后，西塞罗这样告诉他的儿子：
孩子……
啊，这是爸爸的声音？
希望你能认真地阅读我所写下的关于义务的教导，当然还有你现在的老师教给你的知识。
这可能是你听到的来自父亲的最后教导。
尽你可能，多花时间来阅读！
是，父亲。

写完这封信以后没过多久，西塞罗就被杀害了。

他再也没能见到他的儿子。

再见……我的儿子……

呜呜

这些信件也就成了父亲的遗物。

父亲！

让我们在《论义务》的结尾，来听听西塞罗的声音。

再见了，我的儿子，

你要相信，你是我最亲爱的人，

如果你能喜欢这些指导和教诲，

将会更加令我欣慰。

第10章　第三个论题：高尚与有利的冲突

第11章 西塞罗列举的实例（1）

现在，我们已经完成了对《论义务》的基本学习。

怎么样？

嗯……好像还少点儿什么。

关于道德高尚的实例

关于高尚与有利冲突的实例

关于有利的实例

是不是少了一些应用的实例？

是吗？

好吧！现在就让我来列举一些实例吧！跟我来！

关于高尚和有利，大家应该没有什么异议。

因为这都属于基本常识。

但是，关于高尚与有利的冲突，就不那么简单了。

我们的问题不是那么简单就能解决的！

因为每个人都会有不同的选择和想法。

我选1号。

我选2号。

所以，我们来了解一下西塞罗所列举的实例，会对学习很有帮助。

好，现在我们就来详细了解一下吧！

大家在阅读时，可以思考一下，如果是自己会怎么办。

民间有句俗语，"再优雅的贵族也得吃饭"。

吃饱了肚子才能有精神……

还有一句俗语是，"饿三天以后，谁都会翻墙偷东西"。

再这样下去就要饿死了，就算去别人家偷，我也要吃饭……

但是，如果是君子，肚子饿了能翻墙去偷别人的东西吗？

饿死了，还管什么君子不君子！

你怎么认为呢？

一位智慧之人因为饥饿而奄奄一息，

发 抖

因此就可以去抢一个一无是处之人的食物吗？

对于这个问题，西塞罗的回答非常明确。

绝不能这样做。

第11章　西塞罗列举的实例（1）

作为一个智慧之人，哪怕真的饿死，也不能那样去做。
一个君子怎么能做这种事！
即使让自己饿死，也不能去做伤害别人的事情。
咚
当个君子还真是不容易啊。
为了自己的利益去抢夺别人的东西，
竟然还想抢我的东西……
是违背自然法则的事情。
违反自然法！
咚咚
承受自己的不幸，不去掠夺他人的权益，这样才是正确的和有利的。
克制……
啊呜
啊呜
但是，如果是下面这种情况，该怎么办呢？
有一个非常残忍的暴君。
为了全体公民的利益而杀死这个暴君，这样做也是不对的吗？
哇呀呀呀！
西塞罗认为，这反而是一种高尚的善行。
这种行为没有违背自然法则。
对此，大家是怎么想的呢？
嗯……
嗯……
有时，身体的某一部分出现了问题，为了整体的健康，就要将这部分切除掉。
有可能会危及你的生命。
那怎么办？
同样，对于那些如同凶残野兽般的人，当然要从共同体中清除出去。
我错了！饶了我吧。
已经晚了。

第11章　西塞罗列举的实例（1）

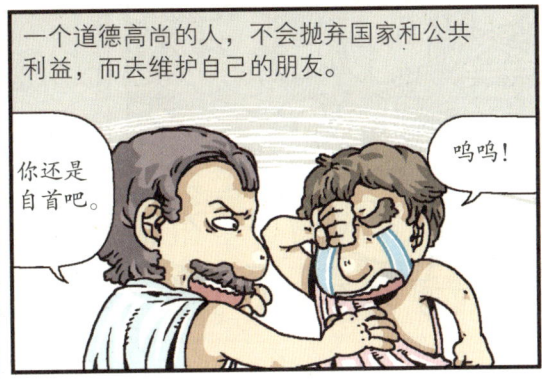

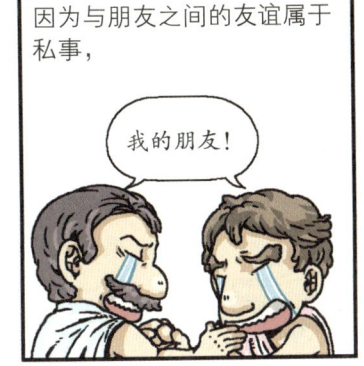

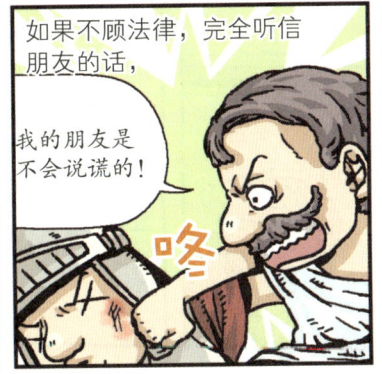

毕达哥拉斯学派*中有两个人：达蒙和芬提阿斯，他们是一对彼此真诚相待的好朋友。

但是，暴君狄奥尼西奥斯**却要处死芬提阿斯。

判处你死刑！

啊……什么？

** 狄奥尼西奥斯（约公元前430—公元前367）：锡拉库萨的僭主。

被宣布处死的芬提阿斯请求延期几天，以便可以去安顿自己的家人。

只要几天就可以……

好吧。

但达蒙必须为芬提阿斯做担保。

要把他抓起来代替你。

* 毕达哥拉斯学派：公元前6世纪末，古希腊哲学家毕达哥拉斯所创立的学派。

如果芬提阿斯没有按期回来，达蒙就会被处死。

不用担心我，快去快回，芬提阿斯。

达蒙……

到了约定的那一天，芬提阿斯果然按时回来了。

死刑犯回来了！

赶快把达蒙放了。

看到这一切后，

你完全可以逃跑，可是为了朋友还是回来了。

那位暴君请求作为第三个朋友加入他们的友谊。这就是关于友谊的一个很好的例子。

达蒙！

芬提阿斯！

连暴君也为这种不惜生命的真正友谊所感动。

把这两个人都释放！

180　西塞罗的论义务

在友谊中需要对有利与高尚做出选择时，

当然应该选择高尚。

但当友谊要求的不是高尚时，应该把虔诚和忠实置于友谊之上。

忠诚的信任！

当与义务发生冲突时，只要按照高尚原则去加以判断就可以了。

到达那里就可以了。

在国家关系中，也应该首先选择高尚，而不是有利。

一定要尽可能维护和平！

是！

不能因为对自己的民族有利，就去残忍地侵害其他民族。

雅典人曾残忍地割去艾吉纳*人的拇指，就因为觉得艾吉纳人会对自己造成威胁。

过来！

*艾吉纳：位于希腊阿提卡半岛和伯罗奔尼撒半岛之间的一个古代城邦国家。

因为艾吉纳拥有强大的海军舰队，

雅典人觉得这会对自己造成威胁。

这样下去可不行……

这是一种惨无人道的行为，也是一种违背自然法则与人类本性的行为。

第11章　西塞罗列举的实例（1）

在与波斯人的战争中获胜的特弥斯托克勒斯*，曾经在雅典公民大会上这样说：

> 我有办法拯救国家，你们要指派一个人，我只把办法告诉他。

* 特弥斯托克勒斯（约公元前528—公元前462）：古希腊的政治家。

于是，公民大会指派了阿里斯提得斯**。

> 你去见特弥斯托克勒斯。
> 我吗？

特弥斯托克勒斯告诉阿里斯提得斯，可以偷偷烧毁停靠在海上的斯巴达舰队。

> 这样的话，斯巴达的势力就会大大减弱。

** 阿里斯提得斯（约公元前530—公元前468）：古希腊的政治家、军人。

但是，阿里斯提得斯反对这样做。

> 嗯……
> 这个计划虽然非常有利，却不高尚。不能那样做。

雅典公民大会也听从了阿里斯提得斯的建议，否决了特弥斯托克勒斯的计划。

> 否决！
> 咚！
> 哼，我的计划多好啊！

西塞罗认为，从这一例子来看，雅典人要比罗马人做得好。

> 虽然有些不好意思，但该承认的还是要承认。
> 脸红！

因为罗马的做法，是给海盗免税权，却让同盟国缴纳赋税。

> 给海盗免税权！怎么能这样呢？
> 因为那些人很可怕呀。

182　西塞罗的论义务

现在让我们来讲讲古各斯戒指的故事。
这是我从柏拉图那里听来的故事。
牧羊人古各斯偶然在一个洞窟里发现了一枚戒指。
啊！
而这枚戒指有一种力量，戴上它可以让别人看不到自己。
啊……这是怎么回事！
嗖
古各斯利用这枚戒指杀死了国王。
国王被暗杀了。
古各斯当上国王之后，又除掉了所有会对他造成妨碍的人。
谁也不知道是我做了这些事！
哼哼
西塞罗认为，如果一个智慧之人拿到这枚戒指，绝对不会产生用戒指去作恶的想法。
因为有智慧的人追求的是高尚行为。
他们不会去想怎样牺牲高尚而获取利益，
再坚持一下就可以拿到工资了……忍耐。
相反，他们会思考怎样不作恶也能得到利益。
怎么办才好呢？
有利
因为不会被发现，也不会受到惩罚，
哈哈，就是这么回事。
啪
所以，只要对自己有利，就可以为所欲为，
完成准备！
这不是正义的人应该有的想法！

下面我们来谈谈罗穆卢斯，他是传说中罗马的创建者。	罗穆卢斯觉得一个人掌权，要比与弟弟瑞摩斯共同统治更有利， 哥哥！	所以就杀死了自己的弟弟。 这样做会更有利。
他在罗马的周围建起高墙，希望能以此为自己的行为辩解， 建起城墙后，就可以抵挡敌人的入侵！相信我吧！	却没有得到大家的认可。 怎么能相信他呢……　他是杀死自己兄弟的罪犯。	犯了罪以后，又用一个看上去似乎有利的行为来掩盖自己的罪行，是没有用的。 你这是一手遮天！　呃啊！
不过，我们也不应该放弃自己的利益。 嗯……	只要不伤害到他人，每个人都应该维护自己的利益。	比如，在运动场上赛跑的人，

只要不违反规则，就可以全力以赴地向前奔跑，获得胜利。 这难道不是理所当然的事吗？	在人生道路上也是一样。

184　西塞罗的论义务

第11章　西塞罗列举的实例（1）

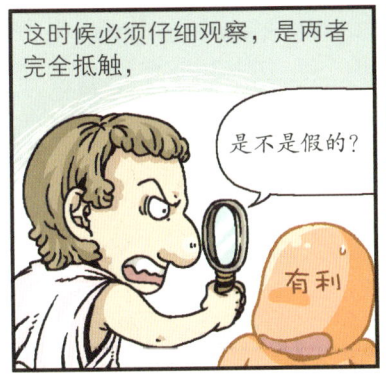

罗得斯岛因为缺少粮食而导致粮价昂贵，饥饿蔓延。

有一个人用船把大批粮食从亚历山大里亚运往罗得斯岛。

当然，除了他也有很多运粮船只正在驶向罗得斯岛。

哗啦啦—— 哗啦啦——

而这个人最清楚罗得斯岛的情况。

那个岛上缺少粮食，粮价很高。

那么，这个人是否应该把情况告诉岛上的人呢？

正有大批运粮食的船只驶过来。

还是装作什么都不知道，用高昂的价格出售自己的粮食呢？

再不买就没有了？

大家也可以想一想。怎样做才是正确的呢？

对此，西塞罗提出了一段对话，那是犬儒学派的哲学家、古巴比伦的第欧根尼*，与他的学生、无比机敏的安提帕特罗斯之间的对话。

* 第欧根尼（约公元前404—公元前323）：古希腊哲学家。

西塞罗的论义务

安提帕特罗斯是这样认为的：
买主应该知道卖主所出售商品的全部信息。
第欧根尼则认为：
完全没有那种必要！只要按照公民法里规定的做就可以了！
按照第欧根尼的说法，只要没有欺诈，
我都是按照市价卖的！
市价
可以按照最高的价钱出售这些粮食。
虽然是市价，可还是很贵！
获取利益，本来就是商人的目的。
你见过做赔本买卖的商人吗？
而安提帕特罗斯认为，每个人都承担着为社会共同体服务的义务，
一个人是不能独立生存的！
所以应该告诉岛上的人正有大批粮食运送过来的消息。
现在，运送粮食的船只正在往这边驶来！
啊，这下有救了！
既然是按照这样的自然法则来到这个社会，
呜哇～
就要履行服务社会的义务。
为了共同的社会，我要甩开膀子大干一场！
也就是说，共同体的利益就是我的利益，我的利益就是共同体的利益，所以必须要让大家知道真相。

不是那样的！
啪
掩盖与沉默完全是两件事。我没有义务告诉你所有你知道后会对你有利的事情。
当然老师的话也有一定道理，但是……
但是？
难道你忘了，人与人之间存在着因为自然而结合在一起的社会关系。
一丝不苟
吁——好好听着，社会是允许个人拥有私有财产的。
因此可以去追求自己的利益。
不说，并不表示不高尚。
因此，也可以为了自己的利益而选择保持沉默。
我不这么认为！
说出来才是高尚的行为。而且每个人都应该做出这种高尚的行为。
什么？！
大家的看法如何呢？
争论
不休
让他们俩吵去吧……我们来看下一个例子。

第11章　西塞罗列举的实例（1）

一方面维护事物的高尚性，
应该说出所有的缺点！
一方面又不断强调事物的有利性，
不说出来也可以！
甚至认为不做那种有利的事情是可耻的。
我到底应该怎么做？
罗得斯岛的粮食商人和卖房子的人应该怎么做才是正确的呢？
说？还是不说？
嗖！
嗖！
西塞罗认为，在这种情况下不应该保持沉默。
坦率地说出来吧！
虽然沉默并不是欺骗，
但为了自己的利益，不让对方了解那些知道后会对他们有利的情况，
喀一喀
这就是一种不高尚的行为。
你们同意我的说法吗？
嗯……
西塞罗觉得，这种情况并不是简单的沉默，而是事实上的掩盖。
我买了一所很好的房子。
太好了。
嗖
而做出这种行为的人，当然不能算是正直、朴实、坦诚、公正、善良的人。
好像听到有人在喊我们？
恶
恶
恶
恶

如果这些对真相保持沉默的人应该受到谴责， 不要那样做！ 呃啊！	那么，吹嘘、说谎的人是不是更应该被唾弃呢？ 这些家伙，又骗我们！ 狼来啦！	罗马有一位名叫卡尼乌斯的骑士。
他趁休假的时候来到锡拉库萨。 啊！景色这么优美。	他想在那里购买一处带有庭院的小别墅，用来招待朋友。	他把这个想法告诉了周围的人。 怎么样？我这个想法不错吧？ 很好啊！
正好有一个在锡拉库萨经营钱庄的人，名叫皮提乌斯，他邀请卡尼乌斯到自己的别墅来做客。 怎么样？ 哇……真不错呀。		皮提乌斯说： 我并不想卖这所别墅，但是如果你愿意，可以把它当作自己的来用。
然后，皮提乌斯把一些欠自己钱的人，以及一些渔夫召来。 嗯……到时候你们这样做就可以了。		他要他们在卡尼乌斯来做客的那天，在别墅前停满小船，做出钓鱼的样子。 就是在别墅前钓鱼。

第11章　西塞罗列举的实例（1）

卡尼乌斯如约前来赴宴。
哇哦！
他在别墅前看到了很多渔船，还有很多鱼。
太壮观了！
于是，卡尼乌斯要求购买皮提乌斯的别墅。
请一定把别墅卖给我！
这个嘛……我想一想。
卡尼乌斯是个富有的人，皮提乌斯要多少钱，他就付了多少钱。
没办法，既然你非常想买……那就按这个价格卖给你吧。
他买下了别墅，还有各种设施。
收据
购买
哐！
然后，卡尼乌斯邀请朋友们来别墅做客。
可是，发生了什么事呢？
啊，这是怎么回事！
他没有看到一艘小船，也没有看见一名渔夫。
于是他向邻居打听。
为什么现在一个人都没有？
什么？
可邻居根本就不知道那天到底发生了什么事情。
我也觉得很奇怪……也许是神明在作怪吧，一夜之间全都消失了！
啊！

这时候，卡尼乌斯才明白自己被骗了。
嗯！我上当了！
啊
但是他又能怎么样呢？他是被皮提乌斯的狡猾所欺骗的。
嘿嘿嘿……
像皮提乌斯这样的人，表面上似乎很友善，
那就便宜卖给你好了！
哇！
实际上却不是那样。
什么呀！竟然是坏的！
啪！
对于这样的人，西塞罗认为，
他们都是失信、邪恶、奸诈之徒！
邪恶
失信
奸诈
那么，是不是应该从整个生活中完全消除伪装和隐瞒呢？
一个善良的人，不应该为了以更有利的条件实现买卖而进行伪装或者掩饰。
在罗马法中，对于这种行为的惩罚，还特别补充说明“按善意”原则。
按善意的原则，伪装和隐瞒就是有罪的！
啊！
哐
按照事件的不同性质，罗马法中分别有不同的判决。
更为善意
更为公正
从事务协议中消除一切谎言。有如在诚实的人们之间诚实地进行的那样。
所以，我们说古罗马是一个法制国家。

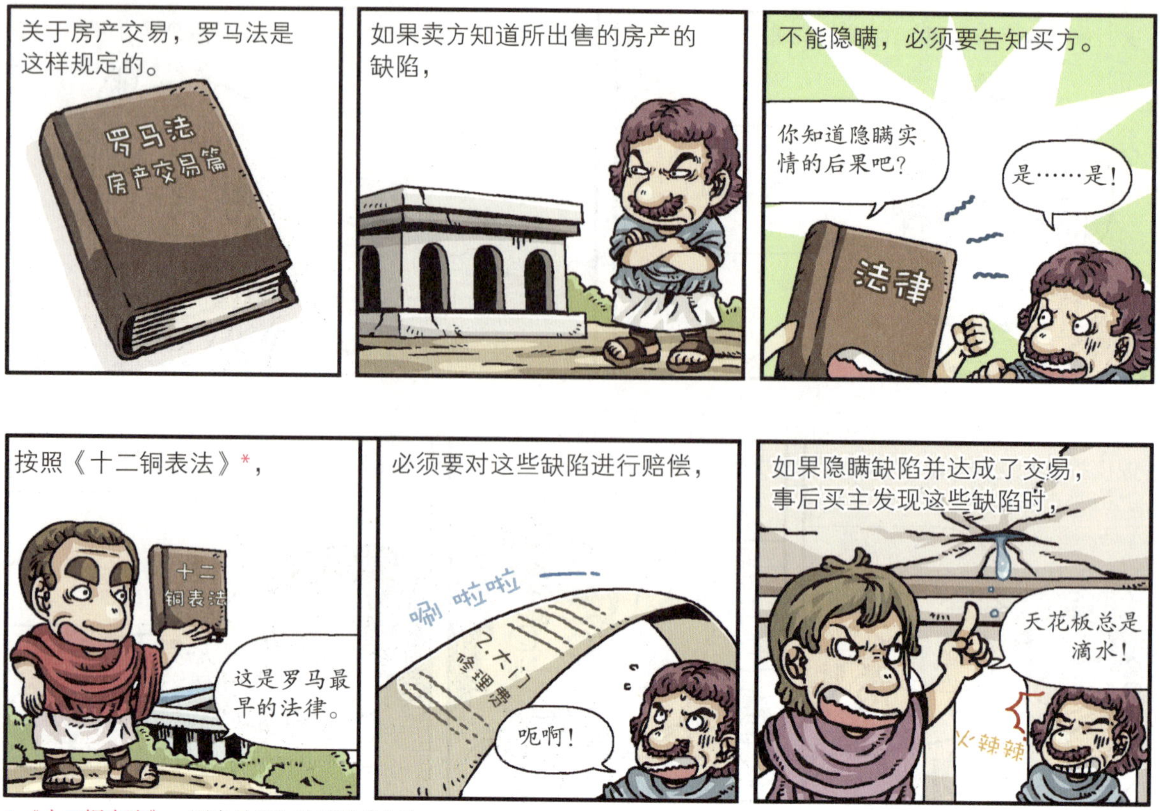

*《十二铜表法》：历史最悠久的罗马成文法。

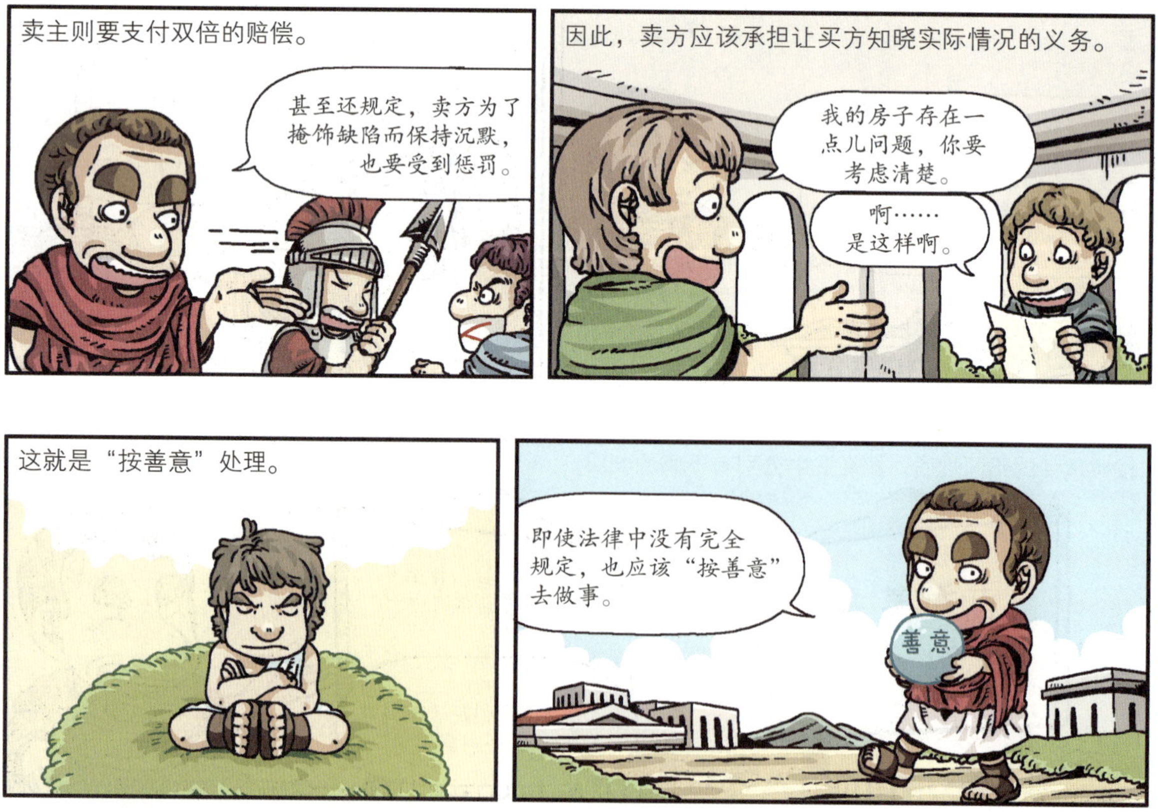

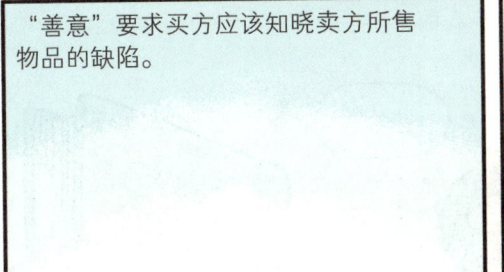

"善意"要求买方应该知晓卖方所售物品的缺陷。

现在让我们重新来看看前面的两个例子，关于粮食和危害健康的房子。

粮食商人和房子卖主对真相保持沉默，这样做都是不对的。

可能是吧……

脸红！

其实，我们身边经常会发生一些类似的事件，

由于公共的道德败坏，

公共 道德

事件 事件

按照习俗通常不认为这种行为是卑劣的，

那样做为什么不对？

是呀？

而且，法律中也没有完善的规定，无法对他们进行惩罚。

我也没办法。

法律

脸红

在今天我们这个瞬息万变的世界更是如此。

忙死了，忙死了！

世界

但是，所有的一切都要受到自然法则的制约。

立刻停止！

自然法

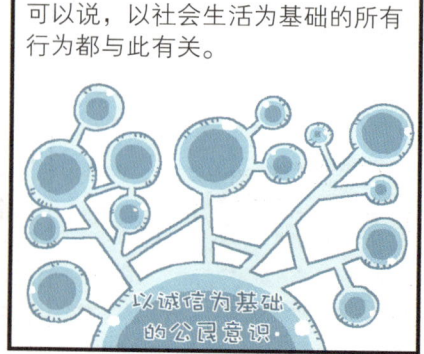

根据自然法则，欺骗共同体社会中的他人，破坏纽带关系，

既不是高尚的行为，也不是有利的行为。

站住！

罗马的市民法和万民法就是在这一原则下制定出来的。

要实现真正的法律和真正的正义，

必须以自然赋予我们的法则为基础。

那么，善良的人是什么样？公平的交易又是什么样呢？

嗯？怎么突然问这样的问题？

因为善良的人之间的交易应该是公平无私的，所以才会有这个问题。

而关于这个问题的答案……

正确答案是……

寒！竞寒！

按照自然法，以诚信为基础的公民意识！祝贺你！

噢，耶！

可以说，以社会生活为基础的所有行为都与此有关。

以诚信为基础的公民意识。

196　西塞罗的论义务

第11章 西塞罗列举的实例（1）

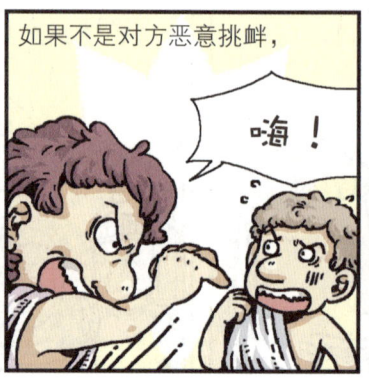

第12章 西塞罗列举的实例（2）

将高尚与有利割裂开来的想法，是一种错误的想法。

因为，高尚与有利，两者的标准应该是一致的。

标准只有一个！

高尚的人，会尽自己的全力去帮助别人，为他人效力。

如果不是对方恶意挑衅，

嗨！

高尚的人绝对不会去伤害任何人。

他们是能勇敢地站在阳光下的人。

西塞罗的论义务

必须要记住，不正义或者罪恶的行为，绝对不会是有利的。 走开！	《圣经》中说，各样的恶事要禁戒不做。 不要靠近恶！ 是！	在古罗马，当农夫称赞某个人诚实、忠厚时， 哦……
这样说： 可以和那个人在黑暗中玩数手指的游戏。	这句话告诉我们，高尚的人无意做不该做的事或欺骗别人，即使没有人发现，	他更不会做出抢夺别人财产的罪恶行为。 傻瓜！
不高尚的不会是有利的。 有利 我的内心是有底线的。 哈哈哈……	大家可以结合古各斯戒指的故事，再认真思考一下农夫所说谚语的道理。 我现在天下无敌了，嘿嘿嘿……	
是否存在一些值得让高尚的人放弃名誉而去追求的利益呢？	外表像野兽的人与内心像野兽的人有什么区别呢？	如果从那些本来以为有利的事情中剥离了善意、荣誉和正义， 哎呀！ 正义 荣誉 善意

第12章　西塞罗列举的实例（2）　　199

那么，可以真正带来利益的“有利”到底是什么呢？
你不觉得这是个很酷的问题吗？
按照多数人的想法，可能没有什么比当上国王更有利了。
为什么呢？
因为国王拥有全部的权力。
有了这些权力，就可以满足我所有的愿望。
但西塞罗认为，对于通过不正当手段当上国王的人来说，没有什么事比这个更不利了。
嘿嘿
嘿嘿
因为做了不义之事，会让他总是处于恐惧之中。
酒！再多拿些酒来！
这样一来，他虽然被称作国父，但对他又有什么好处呢？
就是因为这种人当国王，国家才会变成这个样子。
篡权者过的只能是一种充满紧张不安和阴谋危险的生活。
有利必须以高尚作为标准。
只有这样，才是正当的行为。
高尚
有利
有利
高尚和有利虽然是两个词语，却代表着相同的含义。
高尚
有利
为了名誉而掌握权力的人，
权力
必定会失去名誉中高尚的部分。
只要当上国王，我就可以为所欲为了！
皱眉
通过不高尚的方法来追求利益，绝对不是一种荣誉。
高尚

法布里基乌斯*任罗马执政官期间，曾经与皮鲁斯之间爆发战争。当时是皮鲁斯王主动发起战争的。

罗马傻瓜、笨蛋！

扮鬼脸

去死！

有一天，有一个逃兵从皮鲁斯那里

请您听我说。

你要说什么？

跑到了法布里基乌斯的军营。

如果您给我奖赏，我可以偷偷潜入皮鲁斯的军营，下毒杀死皮鲁斯。

法布里基乌斯决定把这个人交给皮鲁斯，

你回去吧！

这一做法得到了元老院的称赞。

真是一个明智的人。

没错！

*法布里基乌斯：古罗马共和制时期曾任执政官。

因为，在为了荣誉而进行的战争中，

如果不是靠勇敢，而是靠犯罪取胜，将是一种巨大的耻辱。

现在你能明白"合适"是怎么回事了吧？

虽然说不出来，不过能感觉到。

是否应该永远守信？有时候，当约定对于当事者不利时，也可以不去遵守。

在这里西塞罗列举的例子，是我们熟知的希腊神话中法厄同的故事。

第12章　西塞罗列举的实例（2）　　201

法厄同是谁?
就是我太阳神阿波罗的儿子。
爸爸!
阿波罗对法厄同说，将满足他的任何要求。
什么都可以!
真的吗?
我想坐你的太阳车!
什么?!
阿波罗最终还是遵守约定，答应了法厄同的要求。
一定要小心呀!
别担心!
但是，法厄同驾驶着太阳车，没来得及停下就被霹雳烧死了。
咔
啦
西塞罗想说的是，如果父亲没有履行诺言该多好啊。
法厄同!
此外，希腊神话中的阿伽门农王也曾有过这样的许诺:
所有的人都听着!
我要把今年出生的最美丽的生命献给月亮女神阿尔忒弥斯。
什么?!
可是!
告诉我谁是最美丽的孩子!
这个……
最美丽的孩子原来是自己的女儿!
就是伊菲格涅雅公主。
你说什么?
所以，阿伽门农王把自己的女儿献给了阿尔忒弥斯。
爸爸……
原谅我吧!
西塞罗觉得，即使不履行诺言，也比做出如此可怕的事更好。
呜呜……

如果一个人在神志清醒时借给你一把枪：
使用的时候要小心！
谢谢！我一定会好好使用，尽快归还。
后来这个人的神志错乱了，在这种状态下要求你归还这把枪，
激动
站住！把枪还给我！马上！
啊！
这时候，是应该还还是不还呢？
的确是他借给我的，可是现在还给他，不知道他会做出什么……
西塞罗认为，这时候归还就是犯罪，
给你……
啪
不归还则是尽义务。大家觉得呢？
我……我以后再还给你！
如果有个人借给你钱，
别忘了还我呀！
当然会还！谢谢你。
后来那个人背叛了祖国，发动了战争，这时候还应该把钱还给他吗？
那个人是……
站住，你这个反叛者！
还是不还呢？
国家的利益最高。交给国家吧！
像这样，有一些事情会因形势的变化，从高尚变成不高尚。
变身！
高尚
恶
正是由于这个原因，
履行义务有时就变得不那么简单了。
义务

西塞罗的论义务

其实，这种做法从道德上来说
并不是特别恶劣，
不就是一起宣布还是一个人宣布的事吗？
才不是那么简单……
但因此获得的利益却非常大。
气死我了！
荣誉
一个贪婪的人，
呃……
会引起矛盾。
怎么样，闯祸了吧！
我们能称这样的人是高尚的人吗？
耍赖！
为了获取利益而掩盖事实
或者说谎骗人，
诽谤别人或者违背诺言，
呜！
呜！
你遵守诺言了吗？
泄露别人的秘密等等，这些是高尚
的人应该做的行为吗？
听说就是那个家伙……
当然不是！
事实
必须牢记，有利的绝对不会是
不高尚的，不高尚的也绝对不
会是有利的。
哼！
现在我们来思考一下西塞罗
提出的几个问题。

如果一艘船遇到风浪，这时候是应该把行李扔到海里，还是扔掉昂贵的马匹或者廉价的奴隶呢？
该怎么办？
如果父亲抢劫庙宇，或者挖地道去偷国库，儿子应该去向官员告发吗？
爸爸……
如果一个智慧之人无意中收到一些假币，并以为是真币，后来知道实情以后，他会拿这些假币去还债吗？
怎么办才好呢……
如果一个人把黄金误当作黄铜出售，善良的人要不要告诉他，他卖的是黄金而不是黄铜呢？
那个……那不是黄铜，好像是黄金。
啊！真的吗？
出售黄铜
医生给重病患者开药时对他说：
咱们约定，如果你吃这种药身体康复了，以后就再也不能吃这种药了。
患者服药之后，疾病果然好了。
太棒了！
可是，过了一段时间旧病又复发了。
啊……怎么办呢？
为了遵守约定，患者是不是就不应该再吃那种药了？
医生是不是也为了遵守约定，就不再给患者开那种药了呢？
让我怎么开处方呢……
或者，患者应该违反约定，继续服用那种药吗？
真的不能吃吗？
你觉得呢？

瑞古鲁斯任罗马执政官期间，在非洲陷入埋伏被俘。

呃……

对方的首领是拉克得蒙人克珊提波斯，而统帅则是迦太基将军汉尼拔的父亲哈米尔卡尔。

瑞古鲁斯发过誓后，就被释放回了元老院。

回去告诉元老院！放你回去的代价是释放被抓到罗马的迦太基将军！

如果交涉失败，你就必须要重新回到这里。快发誓！

哼……

就这样，瑞古鲁斯返回了罗马。

步履蹒跚

罗马

起初他是这样想的：

回到罗马，我就可以和家人好好生活，这是有利的。所有的不幸不过就是战争常有的变幻。

可是，他没有忘记自己的义务，他向元老院说明了一切。

瑞古鲁斯回来了！

他是这样说的：

我是敌人的俘虏，所以不能再继续成为元老院一员。

瑞古鲁斯……

罗马的俘虏都是些年轻人，而我已经老了，又疾病缠身。对罗马来说，送还俘虏不是一件有利的事。

然后，瑞古鲁斯遵守自己的誓言，返回了迦太基。

那就再见吧！

瑞古鲁斯！

他出发去接受敌人最残酷的处罚。

迦太基

第12章　西塞罗列举的实例（2）

对祖国和亲人的眷恋，都没能留住他。"瑞古鲁斯！"	因为他认为应该遵守誓言。"呜呜呜……"	难道他的行为不是有利的吗？大家怎么认为呢？"呜呜……太伤心了。""别光感动，还要思考。"
他是一个愚蠢的人吗？他不知道什么是对自己有利的吗？	任何人都会追求对自己有利的事物，"瑞古鲁斯也不例外。"	都会尽最大的努力去获得利益。
因为瑞古鲁斯认为只有高尚的才是有利的，所以他只追求高尚的东西。	返回迦太基，受到敌人折磨，	要比违背与敌人的约定，留在罗马更好。
其实在暴力压迫下的誓言是很难具有约束力的。	但瑞古鲁斯还是遵守了誓言，明知会受到处罚，但他依然返回了迦太基。"谈判失败了！现在处死我吧！"	誓言是一种严肃的约定，必须要认真遵守。"因为违背誓言就是破坏信义。"

西塞罗的论义务

可以说，瑞古鲁斯是最伟大的罗马人之一。

为了履行自己的诺言，最后被折磨致死。

呜

也许有人觉得，选择恶行要比毁灭更好。

呃啊！

毁灭

恶

可是，还有什么比恶更大的毁灭呢？

啊……不知不觉就……

实际上，斯多葛学派的哲学家并不认为痛苦是最大的恶，甚至认为那根本就不是恶。

没有什么比被人指责不高尚更痛苦的事了。

斯多葛

所以，瑞古鲁斯的行为被认为是非常伟大的。

坚 一 定

而且，瑞古鲁斯没有按照自己的表面利益去行事，

你一定要那么做吗？这可是性命攸关的事啊！

我没关系的。

而是让元老院对俘虏问题做出正确的判断，这是瑞古鲁斯行为中最高尚的部分。

我只是希望议员们能做出正确的判断。

或许，元老院会将俘虏释放回迦太基，

万岁！自由了！

迦太基

这样瑞古鲁斯就安全了。

不能让他们那样做。

他认为对祖国有利的做法才是正确的。

罗马

第12章　西塞罗列举的实例（2）

他谨慎地说出自己的想法，不能释放俘虏，
不能把俘虏放回去。
他坚信，自己返回迦太基接受处罚才是最高尚和正确的行为。
为了罗马，我死不足惜！
现在让我们来讲另一个例子。第二次布匿战争的坎尼战役结束后，
汉尼拔释放了10名罗马人，让他们回到元老院，
带10个罗马人过来。
是！
商议赎回迦太基俘虏的事情。
我们一定把俘虏带回来。
10名罗马人一起立下誓言：
如果没有解决赎回俘虏的问题，你们就要再次回到迦太基！
就这样，他们返回了罗马。
罗马
向元老院转告了汉尼拔的要求。
他说用我们来换迦太基的俘虏。
可是，这一要求遭到了元老院的拒绝，这10个人必须要再次返回迦太基。
我们不能那么做……真是很抱歉。
但是，10人之中有9人回去了，有一个人却留在了罗马。
犹
豫

第12章 西塞罗列举的实例（2）

|深入阅读|

与《论义务》相关的 9 个故事

凯撒

凯撒约在公元前100年，出生于罗马。他出身于罗马的贵族家庭，亲属中有多人曾担任过执政官。他的父亲有着与凯撒相同的名字，盖乌斯·尤利乌斯·凯撒，担任过大法官，还曾出任小亚细亚的总督。母亲的家族也很有权势，曾经出过多名执政官。

关于凯撒早年的情况，留下的资料不多。公元前85年，他的父亲死后，16岁的凯撒成了一家之主。第二年，凯撒被任命为朱庇特神的首席祭司，并娶了政治家秦纳之女科涅莉亚为妻。

暴君苏拉（约公元前138—公元前78）掌权，凯撒因此而逃离罗马，公元前81年，他来到小亚细亚。公元前78年，苏拉去世，凯撒重新返回了罗马，31岁的凯撒被任命为财政官，开始担任公职。公元前69年，妻子科涅莉亚去世，凯撒与苏拉的孙女庞培亚结婚。公元前65年，凯撒当选市政官，后又成为大法官。但是，因为妻子的不贞，他选择了离婚，后来他得到了西班牙行省总督的职位。

凯撒为了当选执政官，和庞培（公元前106—公元前48），以及庞培的竞争对手克拉苏（公元前115—公元

▲ 凯撒

214

前53）联合起来，三人缔结同盟，开始了"前三头政治"。公元前59年，凯撒当选为执政官，按照前三头政治的约定，他改革了土地法，镇压了卡托和西塞罗，弱化了元老院的势力。

公元前58年，凯撒被任命为山北高卢和伊利里亚的总督，掌握权力达7年时间。

凯撒的独生女茱莉亚与庞培结婚，并在公元前54年分娩时死去。克拉苏也在帕提亚战争中战死。三头同盟被打破，庞培开始向元老院倾斜，而元老院不顾凯撒一方的要求，将意大利的军事权交给了庞培，并要解散凯撒的军队。

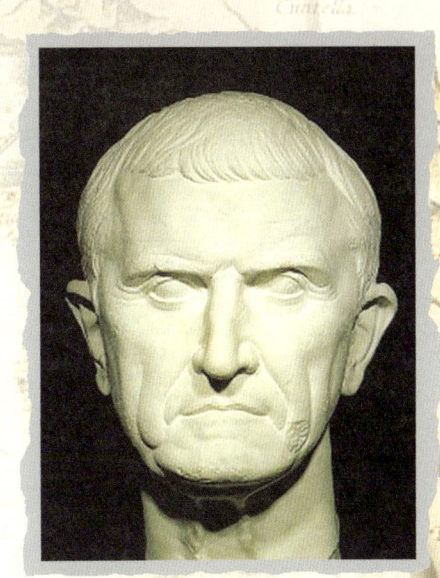

▲ 克拉苏

▲ 庞培

对此，保民官安东尼等凯撒的支持者都行使了拒绝权。凯撒要求与庞培同时解散军队，但遭到了元老院的拒绝，于是凯撒率领军团，渡过卢比孔河，进入罗马。庞培对凯撒的举动非常震惊，急忙逃离罗马。因为庞培的势力集中在西班牙和北非，于是凯撒开始征讨西班牙，联合高卢军团击败了庞培。重新回到罗马以后，凯撒被选为执政官，并决定继续征讨庞培。他率兵前往希腊，联合安东尼的军队，在底拉西乌姆击败庞培的军队。庞培逃往埃及，但在那里还是遭到了暗杀。凯撒消灭了西班牙和北非的庞培余党，结束了内战，将所有权力掌握在手中，下一步就开始进行各项改革活动。公元前44年，凯撒宣布成为终身独裁官，同年3月15日，凯撒在元老院阅读陈情书时，遭到了包括布鲁图斯在内的14名元老的刺杀。

凯撒此前因为接受了元老院的忠诚誓约而解散了护卫队，因此当时处于一种无人保护的状态。凯撒的全部遗产被养子屋大维（后来成为奥古斯都大帝）继承。凯撒还是一位优秀的作家，这一点也得到了西塞罗的认可，凯撒最有名的著作就是《高卢战记》。

▲《高卢战记》

屋大维

屋大维（公元前63—公元14）和安东尼（约公元前82—公元前30）都是"后三头政治"的代表人物。屋大维是古罗马帝国的开国皇帝，被尊称为最伟大的皇帝"奥古斯都"。从公元前27年开始，一直到公元14年，他一直统治着罗马。《圣经》中记载的耶稣诞生，也是发生在他统治的时代。为了实现罗马的秩序与繁荣，屋大维独揽各项权力，他的统治被称为Pax Romana，意思是"罗马帝国的和平"。

屋大维出生时，本来叫盖乌斯·屋大维，后来他成了凯撒（古罗马共和国末期的政治家，公元前100—公元前44）的养子，名字改为凯撒·屋大维。凯撒被暗杀以后，屋大维与安东尼、雷必达将军（？—公元前13）一起，形成了权力的连带关系，这就是众所周知的"后三头政治"。在这几年中，他们共同消灭了很多敌人。后来，安东尼与"埃及艳后"克莱奥帕特拉（公元前69—公元前30）联合，形成了新的政治势力。在阿克提姆海战（公元前31年）中，屋大维击败了安东尼与克莱奥帕特拉的联合军，成为罗马的绝对强者。公元前27年，元老院正式授予了屋大维"奥古斯

▲ 屋大维

都"（"权威者"的意思）这一称号，也就是现在常说的"奥古斯都大帝"。

屋大维身材不高，但是却拥有完美的体型和明亮温暖的眼神，以及英俊的容貌，同时，他还具备卓越的政治能力。屋大维性格温和细腻，对罗马帝国的所有领域都表现出热烈的关注。首先，他扩张了罗马的领土，在国境线上布置了守备队，在缩小步兵规模的同时，在海军中建立了舰队。其次，他对公共事业也非常关注，他整顿水道，修建了很多公共建筑，特别是兴建了很多教堂和剧院。屋大维做这些的目的，既是一种宗教献身，也是为了重新恢复罗马的悠久传统。为了培养公民的道德涵养，他将奸淫行为定为有罪，支持健全的婚姻关系与生儿育女。他还引用了《圣经》中《路加福音》所记载的人口普查方法，重新制定了罗马的税制。此外，屋大维还积极鼓励文学创作，他所统治的时代被称为罗马文学的黄金时代。公元14年，疾病缠身的屋大维去世。

▲ 安东尼

斯多葛学派

斯多葛学派是创立于公元前3世纪的希腊雅典，到公元前2世纪，在罗马及小亚细亚地区广泛传播的一种哲学及政治思想。"斯多葛"是指古希腊的一种名叫柱廊的公共建筑，形态是前面有柱子，后面被墙壁包围。芝诺经常在斯多葛聚众讲学，所以这一学派就被称为斯多葛学派。斯多葛哲学从希腊的城邦国家，扩散到了地中海地区，它是一种代表了希腊主义的思想。源于希腊的斯多葛哲学是因为帕奈提奥斯（约公元前180—公元前109）而让罗马人接受的。西塞罗就是将帕奈提奥斯的著作重新整理，再按照斯多葛学派的思想，撰写了《论义务》。除西塞罗外，曾任罗马帝国皇帝尼禄导师的塞内加（约公元前4—公元65）和罗马帝国皇帝马可·奥勒留（121—180）等也都是斯多葛学派的著名学者。

▲ 帕奈提奥斯

斯多葛学派的思想将逻辑与伦理，还有自然这一物理世界结合为一体，其中结合了苏格拉底式的伦理道德、赫拉克利特的宇宙论和亚里士多德的逻辑学等等。

在斯多葛学派的思想中，逻辑、自然之理，以及伦理学是最重要的三个元素。斯多葛学派认为，自然是一个有机的整体，甚至连神明也包含在其中。他们提出的是一种所有一切都是以物质为根据的唯物论、一元论以及决定论。物质的产生和回归，以及这个过程的重复，都是按照一种秩序确定好的，这就是我们常说的"天意"或者"命运"。

▲ 穿过柱廊的欧洲地铁

斯多葛哲学是一种经验哲学。逻辑与真理，人生与伦理，命运与自然，在斯多葛学派思想中都被结合在了一起。真理不同于谬论，知识要依靠理性获得。懂得了真理，获取了知识，并把它正确应用到生活中，这就是伦理，就是智慧。所以，斯多葛哲学的智慧代表着一种正确观察自然，获得准确的知识，正确理解命运，按照命运去顺应自然秩序来生活的原理。因此，斯多葛学派的智慧不是一种观察的智慧，而是一种实践性的智慧。这种实践性的智慧，显然要比宗教和艺术更加适应在政治和法律中崭露头角的罗马的伦理精神。

▲ 描绘塞内加之死的作品

▲ 马可·奥勒留

斯多葛学派主张禁欲主义，坚决拒绝情感的快乐。从这一点来说，它与将快乐视为人生目标的伊壁鸠鲁学派是针锋相对的。斯多葛学派所主张的智慧人生，是顺应自然秩序的人生，属于一种宿命论。因为他们认为，整个宇宙都是依赖命运这一秩序来运行的。而且，斯多葛学派非常强调义务的重要性，将理性视为最高目标。理性是一种自然的精神，是宇宙之魂，是自然内在的神明。因此，只有按照理性的教诲去生活，才是一种必然的智慧。拥有庄严高雅的精神，追求高尚的道德价值，顺应命运引导下的自然秩序，保持节制与忍耐，坚持禁欲主义，只有这样，才是斯多葛学派所追求的真正的智慧人生。

▲ 普罗提诺

222

在历史上,斯多葛学派所产生的影响不可小觑。罗马帝国时代的哲学家普罗提诺(205—270)的思想可以说就是通过斯多葛方式对柏拉图思想的一种再确立。斯多葛哲学的各种伦理命题对基督教的思想也产生了许多影响。另外,将神与自然统一起来的观点,也出现在斯宾诺莎和布鲁诺的哲学中。

伊壁鸠鲁学派

伊壁鸠鲁学派主张的是以快乐为善的人生目标，是一种形而上学的伦理思想，而这种思想是伊壁鸠鲁（约公元前342—公元前271）首先提出的。伊壁鸠鲁的形而上学是按照德谟克利特的理论，以唯物主义的原子论为基础，从伦理学的基本概念平静与恐惧出发，认为代表着自由状态，以及肉体与精神处于没有痛苦状态的快乐，才是最高的高尚。所以，伊壁鸠鲁学派也被称作快乐主义。但是，这却让伊壁鸠鲁学派受到了很多的误解与诟病。实际上，伊壁鸠鲁主张的绝非是简单的肉欲物质享受之乐，而是从灵魂的平静中获得人生的快乐，远离带来痛苦的生活，享受一种悠闲的生活。伊壁鸠鲁和他的学生们对于政治大多采取回避态度。伊壁鸠鲁并没有留下太多自己的著作，他的学生和后人在理论上也几乎没做什么变化。在古罗马时期，卢克莱修（约公元前94—约公元前55）成为伊壁鸠鲁学派中最著名的代表人物。君士坦丁大帝以后，基督教掌握了权势，伊壁鸠鲁学派也因此而受到镇压。因为伊壁鸠鲁思想与基督教教义是完全势不两立

▲ 卢克莱修

的，按照伊壁鸠鲁的原子论唯物主义，神只是一种物质存在，与人类根本没有关系，也并没有创造万物。在但丁的作品中就有伊壁鸠鲁学派的人在地狱之火中遭受煎熬的描写。

和斯多葛学派一样，伊壁鸠鲁学派在古希腊时期非常流行，影响力一直延续到罗马帝国时代。

在伊壁鸠鲁的思想中，任何神都不具备宗教的功能。神或者灵魂与其他物质一样，是由原子形成的，与人类没有任何关系。伊壁鸠鲁虽然在理论上承认神是一种不灭的存在，但仍然是一种物质的存在，与人的实际生活是完全没有关系的，所以就得出了类似于自然神论的结论。

伊壁鸠鲁学派的关注重点，在于人们从日常生活中尽可能多地获得快乐，并减少痛苦。为了实现这个目的，就要简朴而节制地生活，同时不要产生那些难以实现的欲望。另外，还要对恐惧，也就是最有代表性的两种恐惧，即对神与死亡的恐惧保持自由的状态。伊壁鸠鲁主张独身，因为婚姻会妨碍到生活的平静。

在中世纪，伊壁鸠鲁思想一直处于压抑状态，受到强烈的批判。进入近代后，原子论与快乐主义再次获得了科学家与唯物论者的关注。

学园派

"学园"是大约公元前4世纪柏拉图所创办的哲学学校，供奉智慧女神雅典娜，地点位于雅典城外。在古代哲学中，经常会用"学园"来指代柏拉图学派或者柏拉图的学生们。关于这所学校的建立时间，并没有准确记载，学者们认为大致应该在公元前380年。也有观点认为是在柏拉图访问意大利返回以后建立的，也就是公元前387年。学园位于一所体育训练场附近，是柏拉图继承的私人领土。从雅典到学园的距离大约1.6千米。学园不是公立的学校，但至少在柏拉图生前，这里从来没有收过学费。关于这里上课的内容，虽然没有明确记载，但从柏拉图的作品中可以推测出，主要是数学与哲学等。

一直到罗马皇帝查士丁尼下令关闭学校之前，柏拉图学园存在了大约900年之久。而且，在很长一段时间里，柏拉图的哲学虽然以各种方式发生着变化，但是学园却将柏拉图哲学的所有学派都集合在了一起。经历了漫长岁月的学园派通常被划分为三个阶段。首先是以柏拉图和他的继承者们为首的旧学园派，持续到公元前250年。吸纳了怀疑主义的中期，这个

阶段持续到公元前150年前后。而新学园派则是以公元前110年左右为代表。不过，对于这样的分类，学术界存在着意见分歧。

之后，学园派慢慢销声匿迹。到了古罗马时期，柏拉图主义又再次出现。这个时期，柏拉图的哲学在普罗克洛（412—485）的指导下，重新以新柏拉图主义的面貌出现。在雅典的新柏拉图主义者们都以自己是柏拉图的继承人自居，但实际上在诸多方面都与原来的学园派没有了延续性。再次复活的哲学家们出身背景多种多样，但一般都具有希腊主义的文学背景。

▲《雅典学院》（拉斐尔作品）

查士丁尼皇帝在公元529年下令关闭了学园，新柏拉图主义者们也因此而流落四方，一直持续到至少公元10世纪。后来，伊斯兰军队征服了罗马帝国的东方地区，所以在伊斯兰圈中保留下了柏拉图的哲学和很多科学文献。

毕达哥拉斯学派

毕达哥拉斯学派由古希腊数学家毕达哥拉斯创建，是一个倡导形而上学的学派。毕达哥拉斯出生于希腊的萨摩斯岛，他是数学家，也是哲学家，因发现了几何学中的毕达哥拉斯定理而为大家所熟知。公元前6世纪，毕达哥拉斯在意大利南部的克罗通建立了"毕达哥拉斯共同体"。当时，毕达哥拉斯共同体的成员们在政治上具有一定影响力。但是后来受到敌对贵族党派的攻击，很多成员被杀害，共同体也被迫解体。

毕达哥拉斯学派的研究主要分为科学和宗教，对毕达哥拉斯的数学和科学研究进行扩大与发展，并进行关于宗教、仪式的研究。在宗教方面，毕达哥拉斯相信灵魂是不灭的，只是附着在人的身体上，死后可以轮回转世到其他肉体上。他相信，经历贞洁的生活变得更加纯净后，灵魂便可以从轮回中得到解脱。而灵魂轮回转世的目的，则取决于之前是怎样生活的。因为灵魂是具有理性的，必须为自己的行为负责。毕达哥拉斯学派不仅探索真理，还倡导一种寻求拯救的生活方式，从这一点来说，他们更像是一个神秘的宗教集团，而不是哲学学派。所以，这一

▲ 毕达哥拉斯

学派有很多必须修行的规则，以及很多希腊民间信仰流传下来的禁忌。他们认为，宇宙的生命来自于动物和植物。毕达哥拉斯曾经说，他从被打的狗的叫声中听出了自己已经过世的朋友的声音。

在毕达哥拉斯学派的教义中有一些关于养生和节食方面的内容。为了使灵魂从轮回中解脱，就要进行养生。而他们推崇的养生法就是不吃豆子、只吃非肉类素食和禁欲主义式的节食。

在数学方面，毕达哥拉斯学派在数学研究的基础上，通过数与自然之间的神秘关系，提出了"万物皆数"的理论。毕达哥拉斯学派主张，宇宙是有限与无限结合而成的美丽整体，万物都包含数。他们将数的比例称为"逻各斯"。毕达哥拉斯坚持一种独特的宇宙论，他认为宇宙存在一个中心，在这个中心上有一团火焰，而太阳、月亮、地球等球体都围绕着这个中心。

毕达哥拉斯认为数字1、2、3、4非常重要，这四个数字之和是10，他相信这一现象包含了数的整体本质。另外，他认为数虽然是抽象的一种单位，但它占有一定的空间，是有形的。在这四个数字中，"1"可以形成点，"2"可以形成线，"3"可以形成面，"4"可以形成体，体便形成万物。他还发现，把这四个数字按顺序逐行排列，就会形成每条边上都有4个点的正三角形。

毕达哥拉斯的研究还涉及音乐领域，最著名的就是毕达哥拉斯琴弦律。比如，一个8度的弦长比例是1∶2，5度的弦长比例是2∶3，4度的弦长比例是3∶4。公元前5世纪，毕达哥拉斯的学生创办了专门教授音乐理论的学校。

逍遥学派

逍遥学派指的是古希腊的一个哲学派别，这个词在希腊语中的原意是"散步、行走"。逍遥学派是从古希腊哲学家亚里士多德的思想中派生出来的。亚里士多德离开柏拉图的学园，游学之后又回到雅典，在吕克昂创办了自己的学校。与柏拉图不同，亚里士多德不是雅典公民，所以难以拥有财产。因此，他像苏格拉底，以及其他哲学家常做的那样，将吕克昂作为集会的场所。亚里士多德和逍遥学派的关系，就如同柏拉图与学园派的关系一样。

逍遥学派似乎没有很正式的学校，也没有教案、学费这些要求。亚里士多德总是直接上课，跟学生们共同进行各种哲学和科学研究。但是研究出来的很多内容都是以亚里士多德的名字流传下来的。亚里士多德死后，他的学生们继续在各个领域展开研究。公元529年，罗马皇帝查士丁尼禁止了古代哲学，很多学者都移居到了东方，对伊斯兰文化圈产生了深远的影响。

逍遥学派的思想主要是来自于亚里士多德和他的继

▲ 逍遥学派（亚里士多德学派）

承者们。亚里士多德的学术思想与柏拉图的思想是对立的。如果说柏拉图主要是从表象出发，那么亚里士多德就是主要从经验出发。所以，对亚里士多德来说，哲学类似于科学研究。也就是通过将经验归纳总结的方法，从众多事实出发，得出普遍结论。

大约在公元前80年，罗马的当权者苏拉毫不留情地侵占了雅典，雅典所有的学派几乎都被中断了，吕克昂也几乎无法正常运行。但令人惊喜的是，恰恰是苏拉给逍遥学派带来了生机。因为正是苏拉将亚里士多德的著作全部带到了罗马，今天我们所看到的《亚里士多德全集》则是以此为基础，由安德罗尼珂整理而成的。初期的逍遥学派更多地关注于亚里士多德思想的传播，而安德罗尼珂之后，则集中于整理、编纂。公元2世纪末，来自亚弗洛弟西亚的亚历山大对亚里士多德的主要著作做了重要的评注。此后在这方面做出贡献的还有辛普利修斯和波伊提乌斯。后来，逍遥学派在西方逐渐消失，被合并为早期的伊斯兰哲学。12世纪，亚里士多德的作品开始被翻译成拉丁语，在其影响下，逐渐出现了以托马斯·阿奎那为代表的经院哲学。

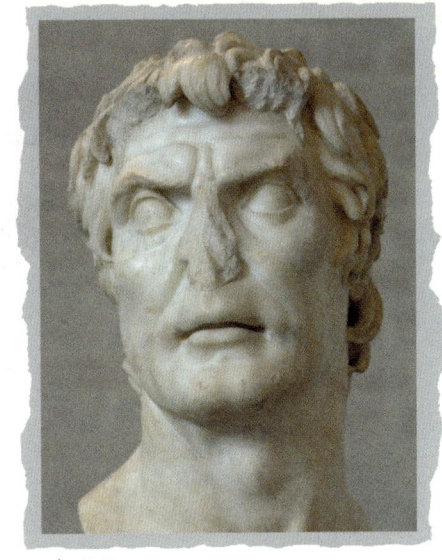

▲ 苏拉

马其顿的腓力二世

腓力二世（公元前382—公元前336）是古代马其顿的国王，是著名的亚历山大大帝的父亲。他是阿敏塔斯三世和妻子欧律狄刻最小的儿子，很小的时候就被当时在希腊的城邦国家中掌握主导权的底比斯抓去作人质。在被俘期间，他接受了军事和外交训练，公元前364年才返回祖国。后来他夺取了侄子的王位，当上了国王。

腓力二世拥有过人的军事才能以及对马其顿王国的长远规划，努力想使国家从之前所遭受的战争创伤中复苏。他发挥外交手段，以缴纳贡物来解决入侵问题，他尤其专注于强化军事力量，组建了一支装备有长枪的步兵团，这支军队成为当时马其顿军团的核心。

公元前357年，腓力二世进军伊利里亚，确立了自己的权威。公元前356年，他与伊庇鲁斯的公主奥林匹亚丝结婚。同年，他还征服了革锐尼迪士，并将其改名为腓立比。他在那里驻守了一支强大的守备军，以便控制当地的金矿，而这些金矿为他后来的行动提供了很大帮助。也就在这一年，亚历山大大帝降生。第二

▲ 腓力二世

年，腓力二世进攻了雅典人位于塞罗尼迦湾的据点迈索尼，在这场战争中他失去了一只眼睛，但最终还是取得了胜利。

腓力二世进攻了北部的色雷斯人和塞西亚人，公元前340年，又转向进攻南部。后来，在喀罗尼亚战役（公元前338年）中，他遇到了雅典与底比斯的联合军，并获得了决定性的胜利，扩大了马其顿在希腊的主导权。在这次战争中，18岁的亚历山大担任了左翼指挥官。公元前337年，腓力二世召开会议，成立了以马其顿为中心的科林斯同盟，成员是希腊的各个城邦，掌握主导权的当然是马其顿。这次会议决定派遣远征军，东征波斯。

公元前336年，腓力二世正在筹备东征波斯，结果却在他的第四任妻子奥林匹亚丝的弟弟、伊庇鲁斯的亚历山大一世的婚礼上被暗杀了。腓力二世被暗杀以后，亚历山大直接被任命为马其顿的国王。

罗穆卢斯

罗穆卢斯是传说中罗马的奠基人。他是战神马尔斯和女祭司雷亚·西尔维亚生下的孪生子中的哥哥。罗穆卢斯和弟弟瑞摩斯被遗弃在台伯河边，是吃狼奶长大的。后来他们被一个牧羊人发现，并收为养子。罗穆卢斯是罗马的第一位国王，统治时间达40年之久，后来突然消失，据说是成为了战神奎里纳斯。

罗穆卢斯的外祖父努米托和他的兄弟阿穆略是特洛伊守城将领的后人。他们面对两份遗产，努米托选择了王国的统治权，而阿穆略则获得了王室的财富。拥有大笔财富的阿穆略势力越来越大，很轻易地从兄长手中夺走了王国，还命令努米托的女儿雷亚做贞女，永远不能生育。但是，雷亚去森林里找水的时候遇到了战神马尔斯，两人生下了一对孪生子。阿穆略知道这件事后非常生气，下令处死这对孪生子和他们的母亲。

但是，接到命令的仆人不忍心杀死两个纯真无辜的孩子，就把他们装在篮子里，放进江中。篮子顺水而下，漂流到岸边，在一棵无花果树下被一只母狼发现，母狼用乳

▲ 马尔斯和雷亚·西尔维亚

汁喂养了这对孪生子。这就是关于罗穆卢斯和瑞摩斯的传说。

　　始建之初的罗马，女人很少，罗穆卢斯就从萨比尼带来了很多女人。后来，罗马与萨比尼就逐渐融合成了一个种族。建立罗马之后，罗穆卢斯建立了罗马军团和罗马元老院，自己则兼任军队的最高统帅和最高裁判官。罗穆卢斯让他的朋友组织了一只300人的骑兵，作为自己的个人警卫队，保卫自己的安全。作为罗马国王，罗穆卢斯用了20年的时间扩张领土，征服了周围很多邻国。努米托死后，将他的国家阿尔巴龙加也交给了罗穆卢斯，而罗穆卢斯则让阿尔巴龙加人在自己人民中间选举领导者，任期一年。

▲ 吃母狼乳汁长大的罗穆卢斯和弟弟瑞摩斯

　　传说，在罗穆卢斯统治了38年以后，有一天突然刮起风暴，天昏地暗，然后罗穆卢斯就失踪了。人们相信罗穆卢斯已经升天，变成了战神奎里纳斯。人们在罗穆卢斯升天的地方建立了一座神庙，以纪念他的事迹。

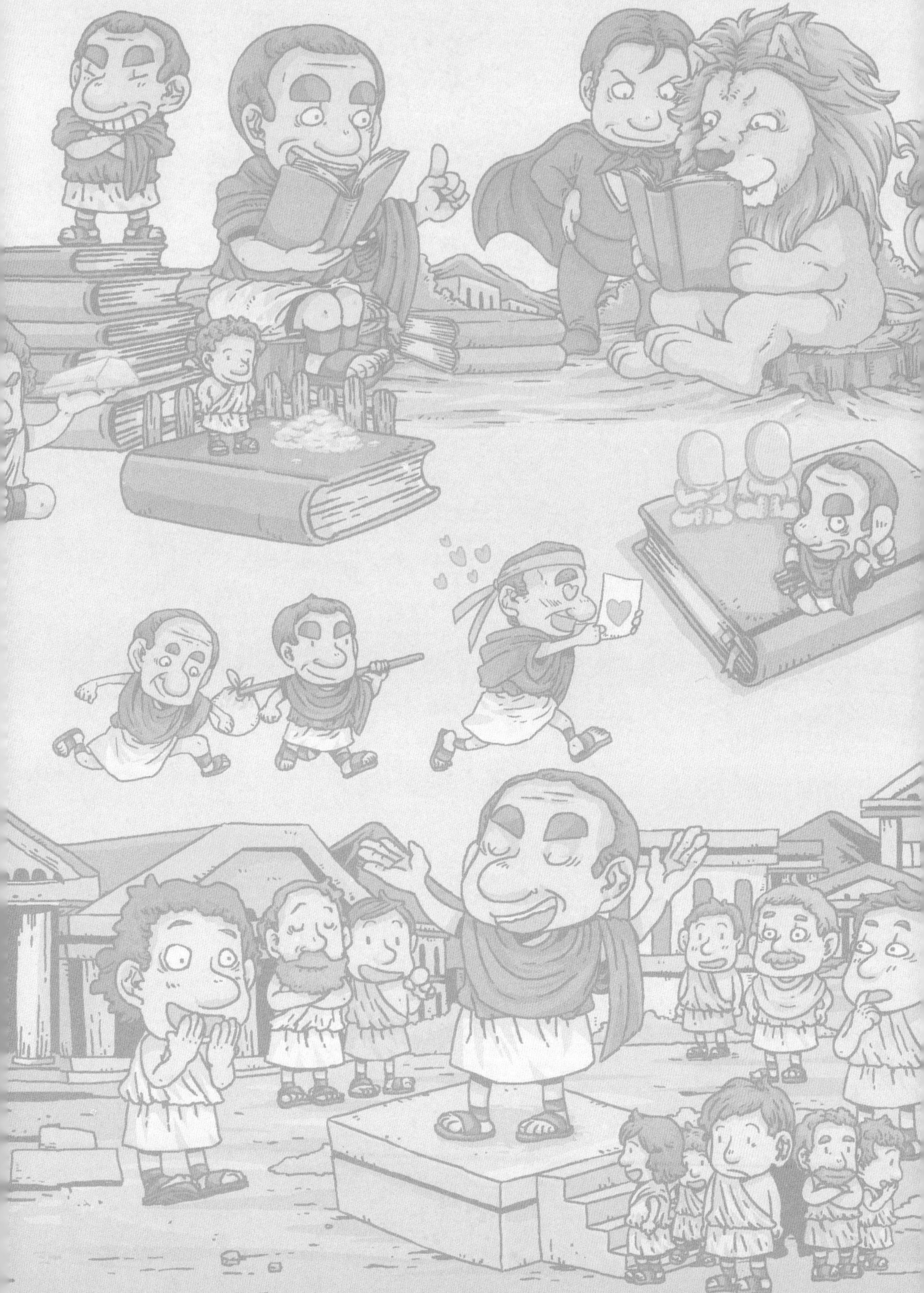

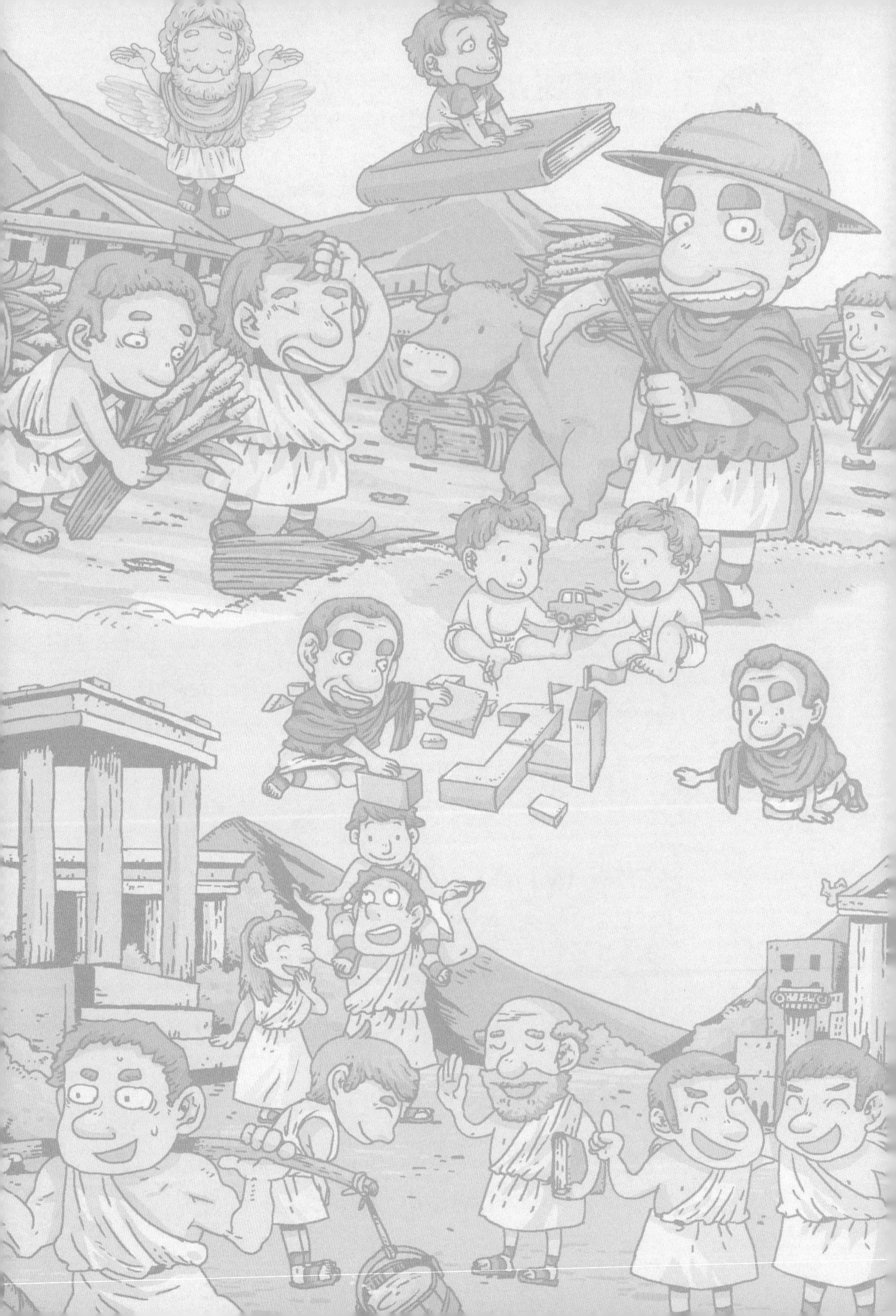

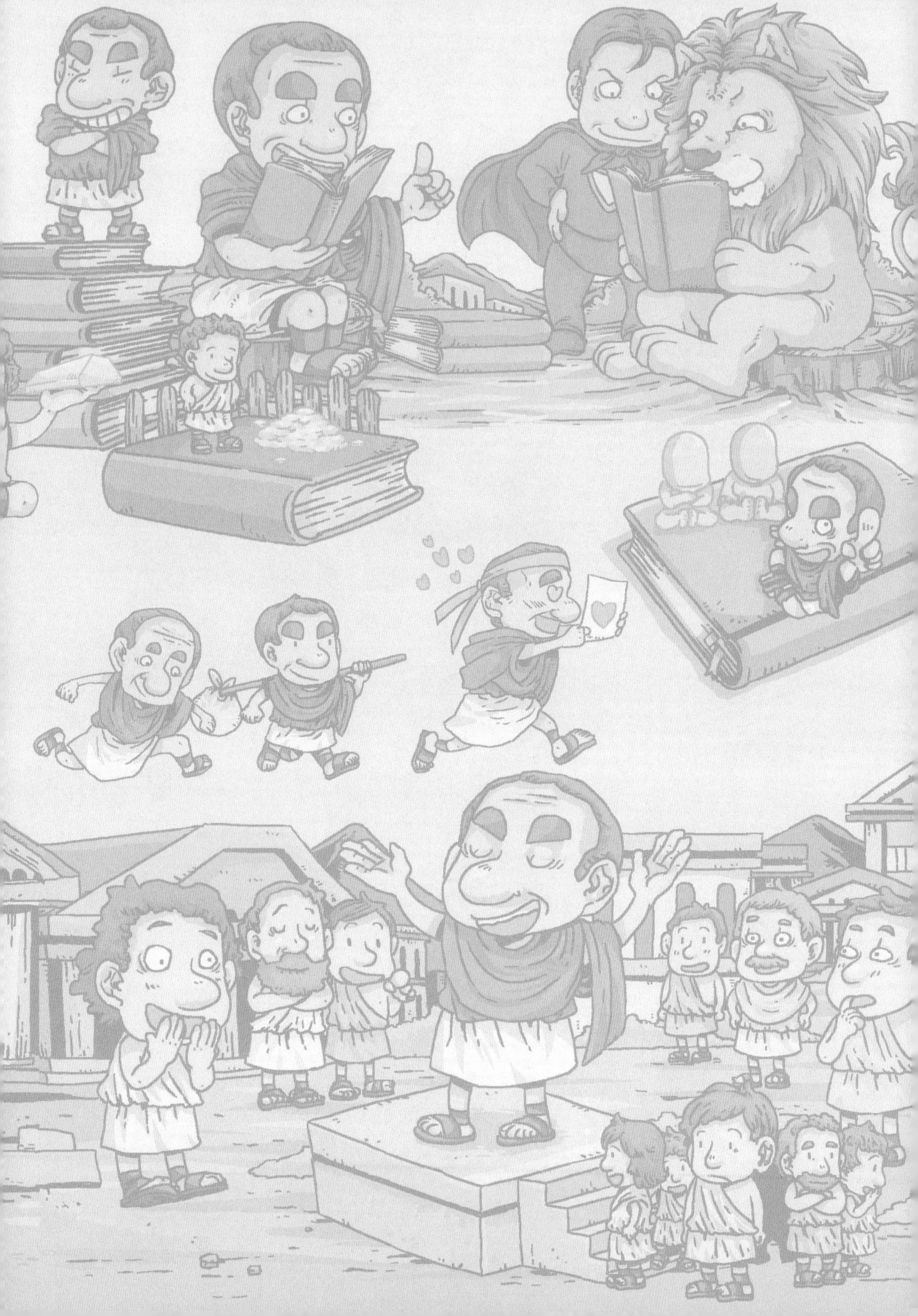

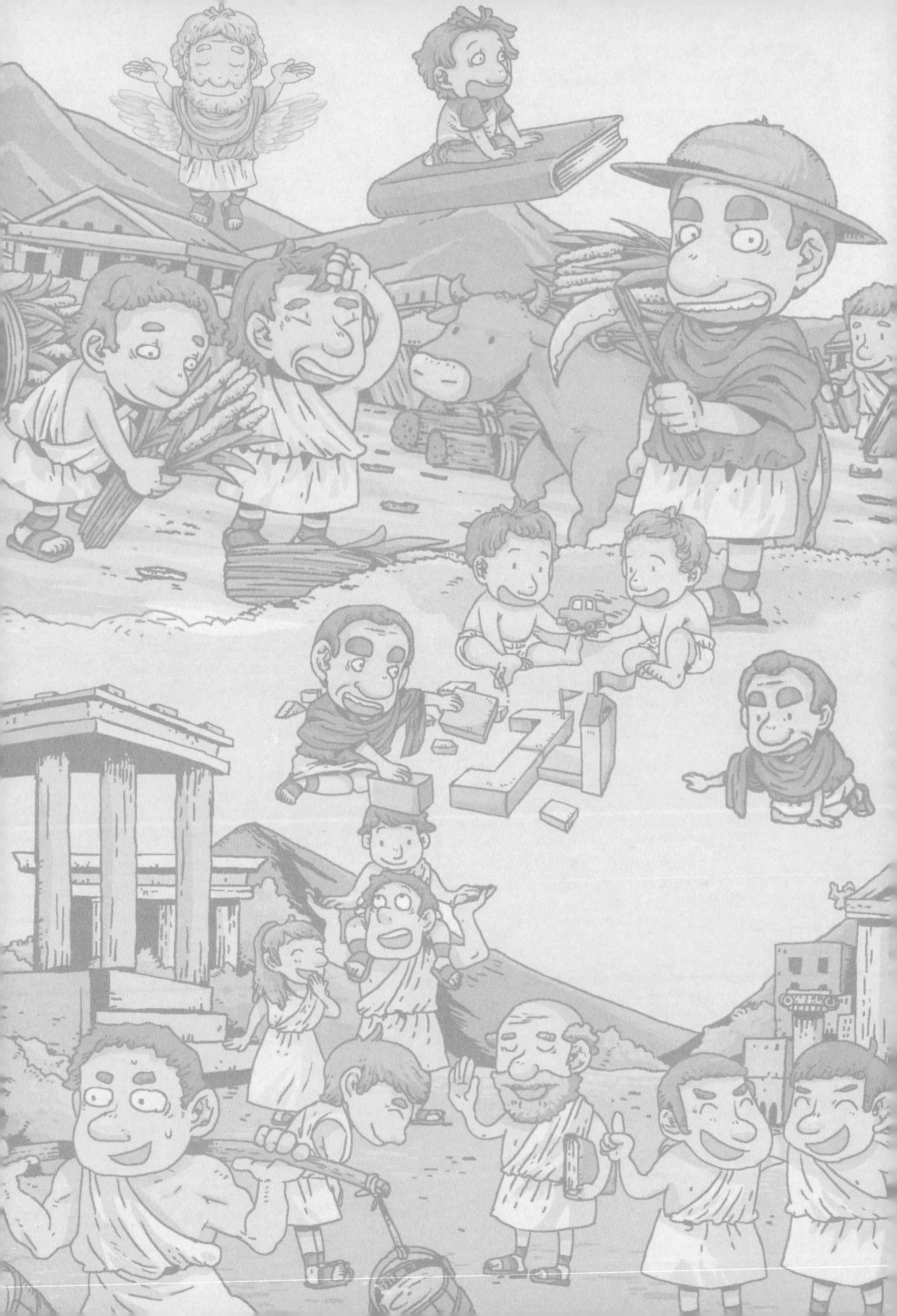